Conversando com Maria

Padre Sérgio Bedin

Conversando com Maria

Sua vida transformada pela oração do terço

MATRIX

Direitos em língua portuguesa para o Brasil:
Matrix Editora - Tel. (11) 3868-2863
atendimento@matrixeditora.com.br
www.matrixeditora.com.br

Citações retiradas de:
A Bíblia de Jerusalém. Trad. Gilberto da Silva Gorgulho et al.
São Paulo, Paulus, 1995.

Capa:
Daniela Vasques

Diagramação:
Alexandre Santiago

Fotos:
Maria do Carmo Bergamo

Revisão:
Adriana Parra
Mariana Munhoz

Dados Internacionais de Catalogação na Publicação (CIP)
SINDICATO NACIONAL DOS EDITORES DE LIVROS, RJ.

Bedin, Sérgio
Conversando com Maria : sua vida transformada pela oração do terço / Padre Sérgio Bedin. - 1.ed. - São Paulo : Matrix, 2012.

1. Maria, Virgem, Santa - Livros de oração e devoções. I. Título.

12-4526

CDD: 242.74
CDU: 27-534.35

Com todo o amor e carinho, dedico este livro aos meus pais, Luiz Carlos e Maria de Lourdes, aos meus irmãos, Rodrigo e Marcos, e à minha avó e madrinha de batismo, Maria Buzeto, que me ensinou a devoção mariana e é exemplo vivo de oração e reza do santo terço.

O nosso rezar são vozes, o nosso meditar é silêncio; mas nesse silêncio ouvimos melhor do que somos ouvidos nas vozes, porque nas vozes ouve-nos Deus a nós, no silêncio ouvimos nós a Deus.

Antônio Vieira, SJ, "Sermão I – Maria Rosa Mística" (1686)

Sumário

Maria, quero conversar com você...

Eu era pequeno, nem me lembro,
Só lembro que à noite, ao pé da cama,
Juntava as mãozinhas e rezava apressado,
Mas rezava como alguém que ama.
Nas ave-marias que eu rezava
Eu sempre engolia umas palavras,
E muito cansado acabava dormindo,
Mas dormia como quem amava.

Padre Zezinho, SCJ,
"Maria de minha infância"

A gente cresce, vai perdendo aquela inocência da infância, aquele jeito espontâneo de ser, que não tem medo de parecer ridículo. E vai esquecendo a beleza que há nas coisas simples, em gestos tão fáceis que nada nos custam e que fazem tanta diferença em nossa vida e na dos outros... A gente cresce, assume as responsabilidades de adulto, fica sério, tenso, preocupado e deixa o peso da vida esmagar a ternura, a doçura, a delicadeza da criança que fomos. A gente cresce e adquire umas vergonhas bobas, como a vergonha de dizer "eu te amo" a nosso pai, a nossa mãe, aos nossos irmãos e amigos. A gente cresce, começa a duvidar de muita coisa e a esconder o que fez a gente ser o que é.

Este livro é para quem não tem vergonha de ser católico e quer continuar cada vez mais firme em sua fé. É sobretudo para você que, tal como na música do padre Zezinho, quer voltar a conversar com Maria, a mãe de Jesus. Lembra-se dela? Em algum momento de sua vida alguém ensinou você a rezar a ave-maria ou até mesmo o terço. Lá na sua infância você juntou as mãozinhas alguma vez e em alguma noite rezou a Nossa Senhora pedindo a ela que protegesse o papai, a mamãe, a vovó, o vovô e até o irmãozinho com quem você vivia brigando. Então você cresceu, virou gente grande e...

Bem, se você está lendo este livro é porque quer conversar com Maria. É isso que importa. Você pode falar com ela do seu jeito, na hora que quiser, com as palavras que achar melhor. Mas a Igreja criou um modo muito especial de rezar para Nossa Senhora. É o terço. Lembra-se dele? Com certeza você deve ter um dependurado no retrovisor do seu carro. Ou na parede da sua casa. Ou na cabeceira de sua cama. Ou até enrolado no pulso, como se fosse uma pulseira. Pois o terço é um instrumento para conversar com Maria. E mais: ele é a terça parte do rosário, que é o conjunto de duzentas ave-marias e vinte pais-nossos divididos em quatro grupos de "mistérios" de nossa fé. Calma! Eu sei que ninguém tem tempo de rezar duzentas ave-marias de uma vez. Se já não é fácil encontrar dois minutos no dia para rezar uma, que dirá duzentas... Por isso ninguém é obrigado a rezar o rosário inteiro. Nem o terço. Mas pode reservar ao menos alguns momentos de uma noite na semana para rezar uma dezena. Para cada dezena há um mistério, assim:

Mistérios gozosos (segundas e sábados):
1º mistério – a anunciação do anjo a Maria
2º mistério – a visita de Maria a sua prima Isabel
3º mistério – o nascimento de Jesus
4º mistério – a apresentação de Jesus no templo
5º mistério – a perda e o reencontro do Menino Jesus no templo

Mistérios dolorosos (terças e sextas):
1º mistério – a agonia de Jesus no Horto das Oliveiras
2º mistério – a flagelação de Jesus
3º mistério – Jesus é coroado de espinhos
4º mistério – Jesus carrega a cruz até o Calvário
5º mistério – crucificação, sofrimento e morte de Jesus

Mistérios luminosos (quintas-feiras):
1º mistério – o batismo de Jesus no rio Jordão
2º mistério – o primeiro milagre nas bodas de Caná
3º mistério – o anúncio do Reino com o convite à conversão
4º mistério – a transfiguração no monte Tabor
5º mistério – a instituição da eucaristia

Mistérios gloriosos (quartas e domingos):
1º mistério – a Ressurreição de Jesus
2º mistério – a Ascensão de Jesus ao Céu
3º mistério – a descida do Espírito Santo sobre os apóstolos
4º mistério – a Assunção de Maria ao Céu
5º mistério – a coroação de Maria como Rainha do Céu

Primeiro você faz o sinal da cruz, depois segura o crucifixo do terço e reza o "Credo", na conta seguinte o pai-nosso, nas outras três a ave-maria, depois o "Glória". Em seguida, na maior conta de todas, reza o pai-nosso novamente. Nos cinco conjuntos de dez contas menores do terço você reza uma ave-maria em cada. Nas contas maiores, que separam cada dezena, você sempre reza o "Glória", "Ó meu Jesus" (jaculatória) e o pai-nosso. Ao terminar o quinto mistério reza-se o "Salve, rainha". Não entendeu? Então, veja a ilustração.

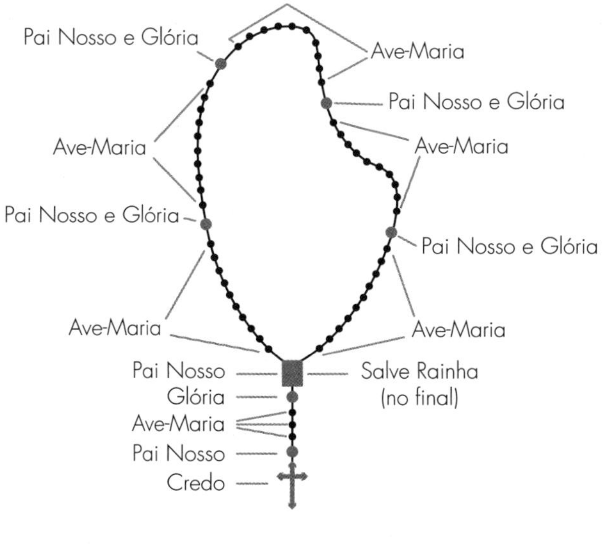

Faz muito tempo que não reza? Esqueceu o texto das orações? Ninguém as ensinou para você? Não tem problema. Nunca é tarde para aprender ou lembrar. A seguir você pode ver os textos das orações:

Credo (Creio)

Creio em Deus Pai Todo-Poderoso, Criador do céu e da terra, creio em Jesus Cristo, seu único filho, Nosso Senhor, que foi concebido pelo poder do Espírito Santo, nasceu da Virgem Maria, padeceu sob Pôncio Pilatos, foi crucificado, morto e sepultado, desceu à mansão dos mortos, ressuscitou ao terceiro dia, subiu aos céus, está sentado à direita de Deus Pai, Todo-Poderoso, de onde há de vir a julgar os vivos e os mortos. Creio no Espírito Santo, na Santa Igreja Católica, na comunhão dos santos, na remissão dos pecados, na ressurreição da carne, na vida eterna. Amém.

Pai-nosso

Pai nosso que estais no céu, santificado seja o Vosso nome, venha a nós o Vosso reino, seja feita a Vossa vontade, assim na terra como no céu. O pão nosso de cada dia nos dai hoje, perdoai-nos as nossas ofensas, assim como nós perdoamos a quem nos tem ofendido, e não nos deixeis cair em tentação, mas livrai-nos do mal. Amém.

Ave-maria

Ave Maria, cheia de graça, o Senhor é convosco. Bendita sois vós entre as mulheres, bendito é o fruto do vosso ventre, Jesus. Santa Maria, Mãe de Deus, rogai por nós, pecadores, agora e na hora da nossa morte. Amém.

Glória

Glória ao Pai, ao Filho e ao Espírito Santo, assim como era no princípio, agora e sempre. Amém.

Ó meu Jesus

Ó meu Jesus, perdoai-nos, livrai-nos do fogo do inferno, levai as almas todas para o céu, principalmente aquelas que mais precisarem.

Salve Rainha

Salve Rainha, mãe de misericórdia, vida, doçura, esperança nossa, salve! A vós bradamos, os degredados filhos de Eva. A vós suspiramos, gemendo e chorando neste vale de lágrimas. Eia, pois, advogada nossa, esses vossos olhos misericordiosos a nós volvei, e depois desse desterro mostrai-nos Jesus, bendito fruto do vosso ventre, ó clemente, ó piedosa, ó doce e sempre Virgem Maria. Rogai por nós, santa Mãe de Deus, para que sejamos dignos das promessas de Cristo. Amém.

Agora que você foi apresentado ao terço, ou lembrou como ele é rezado, vamos meditar sobre cada um de seus mistérios. E quem sabe assim, ao término deste livro, você até passe a rezar o rosário inteiro. Ou uma dezena. Ou pelo menos uma ave-maria inteira. Mas termine como na canção do padre Zezinho:

O teu amor cresce com a gente,
A mãe nunca esquece o filho ausente.
Eu chego lá em casa chateado e cansado
Mas eu rezo como antigamente.
Nas ave-marias que hoje eu rezo
Esqueço as palavras e adormeço
E, embora cansado, sem rezar como eu devo,
Eu de ti, Maria, não me esqueço.

I

O Encanto de se Descobrir Filho de Deus: Mistérios Gozosos

1. *A vida vale a pena*

Primeiro mistério: a anunciação do anjo e a encarnação do Verbo

Outro dia recebi um e-mail que falava das "sete maravilhas do mundo moderno", isto é, das mais belas, importantes e notáveis construções – como a Muralha da China, o Taj Mahal (Índia) e o Cristo Redentor (Rio de Janeiro). São mesmo edificações impressionantes, que resultam de grandes esforços de criação arquitetônica e trabalho, e por isso merecem nossa admiração. Mas o e-mail, repleto de elogios à grandeza dessas obras de pedra ou cimento, me fez pensar como estamos aprisionados a "coisas" supostamente mais importantes para a humanidade, enquanto deixamos de lado o que é realmente essencial em nossas vidas: dádivas que estão dispersas pelo mundo, mas que não foram postas nele pelo ser humano. Trata-se de maravilhas concedidas pelo próprio Deus e que não estão em algum lugar específico, à nossa espera, mas ao alcance de todos. Maravilhas que também podemos enumerar como sete. Simples ações que passam despercebidas por nós, presentes em nosso cotidiano, e que são simplesmente maravilhosas: ver, sentir, ouvir, sonhar, amar, servir e realizar.

Sabemos que **viver** é um dom precioso que Deus nos concedeu, para assim aproveitar ao máximo tudo o que Ele nos oferece. Como é bom estar vivo!

Como é bom **ver** o sorriso no rosto de quem está feliz e que nos faz feliz!

Como é bom **sentir** o frescor da natureza, o carinho dos pais a nos acariciar, a nos proteger e a cuidar de nós com muito amor! Como é bom sentir um abraço apertado e sincero de um amigo, um aperto de mão de alguém que nos diz um simples bom-dia, um "você está bem?"!

Como é bom **ouvir** o canto dos pássaros, o primeiro choro do bebê que acaba de nascer, as primeiras palavras de uma criança que balbucia "mamãe"!

Como é bom **sonhar** e lutar para que o sonho se realize a cada dia! Sonho de constituir uma família, de estudar, de trabalhar...

Como é bom **amar** a vida, as pessoas, os amigos, a família, o trabalho e assim viver, sem qualquer restrição, o maior mandamento que o próprio Cristo nos deixou: "Amai-vos uns aos outros como eu vos amei" (Jo 15: 12)!

Como é bom **servir** a Deus e ao próximo em todos os momentos, sem reservas, conforme Ele nos ensinou, dizendo de si próprio: "Vim para servir e não para ser servido" (Mt 20: 28)! Ou seja, colocar-se sempre à disposição do próximo, anulando muitos de seus desejos e sentimentos para ajudar o outro com alegria.

Como é bom **realizar** tudo aquilo que nos comprometemos a fazer pelo bem do próximo! Como é bom realizar a vontade de Deus em nossa vida, como fez Maria! Ela tornou real o plano divino em sua vida, no momento da anunciação:

"**Alegre-se, cheia de graça! O Senhor está com você!**". Ouvindo isso, Maria ficou preocupada e perguntava a si mesma o que a saudação queria dizer. O anjo disse: "Não tenha medo, Maria, porque você encontrou graça diante de Deus. Eis que você vai ficar grávida, terá um filho, e dará a ele o nome de Jesus. Ele será grande, e será chamado Filho do Altíssimo. E o Senhor dará a ele o trono de seu pai Davi, e ele reinará para sempre sobre os descendentes de Jacó. E o seu reino não terá fim". Maria perguntou ao anjo: "Como vai acontecer isso, se não vivo com nenhum homem?". O anjo respondeu: "O Espírito Santo virá sobre você, e o poder do Altíssimo a cobrirá com sua sombra. Por isso, o Santo que vai nascer de você será chamado Filho de Deus. Olhe a sua parenta Isabel: apesar da sua velhice, ela concebeu um filho. Aquela que era considerada estéril, já faz seis meses que está grávida. Para Deus nada é impossível". Maria disse: "**Eis a escrava do Senhor. Faça-se em mim segundo a tua palavra. E o anjo a deixou**" (Lc 1: 28-38).

Com o "sim" de Maria é realizada a promessa de Deus: "Eis que a virgem conceberá e dará à luz um filho. Ele será chamado pelo nome de Emanuel, que significa: Deus está conosco" (Mt 1: 23).

O "sim" de Maria é um grande exemplo que nos ensina a nos esvaziarmos de nós mesmos, de modo que possamos ser preenchidos com a presença e a graça de Deus em nossa vida.

O "sim" de Maria nos permitiu contemplar as maravilhas de Deus na pessoa de Jesus Cristo. Ela exerceu plenamente o seu papel de mãe com sua resposta, propiciando a vinda de Jesus ao meio de nós para nos resgatar do pecado.

Que o "sim" de Maria ecoe todos os dias em nosso coração e que, mesmo sem entender, possamos acolher a vontade de Deus e contribuir para a realização de Seu projeto. Que as palavras que o anjo dirigiu a Maria também possam ser dirigidas a nós hoje, pois somos chamados a colaborar na edificação do reino de Deus.

Vamos, portanto, começar nossa conversa com Maria refletindo sobre este primeiro mistério gozoso que nos faz lembrar quanto a vida vale a pena, quanto ela merece o nosso "sim". Antes do pai-nosso e das dez ave-marias, dediquemos umas palavras especiais a esse "sim", rezando esta

Oração a Nossa Senhora da Anunciação

Todas as gerações vos proclamem bem-aventurada, ó Maria! Crestes na mensagem divina e em vós se cumpriram grandes coisas, como vos fora anunciado. Maria, eu vos louvo! Crestes na encarnação do Filho de Deus no vosso seio virginal e vos tornastes Mãe de Deus. Raiou, então, o dia mais feliz da história da humanidade e Jesus veio habitar entre nós. A fé é dom de Deus e fonte de todo bem, por isso, ó mãe, alcançai-nos a graça de uma fé viva, forte e atuante que nos santifica cada dia mais. Que possamos comunicar com a vossa vida a mensagem de Jesus que é o Caminho, a Verdade e a Vida da humanidade. Amém.

2. Sentir em cada um a presença de Deus

Segundo mistério: a visitação de Maria Santíssima a santa Isabel

Toda semana apresento um programa numa emissora de rádio em Jaboticabal (SP). Certo dia, resolvi falar da importância de Deus em nossa vida, sobre as maravilhas que Ele realiza por meio de tantas bênçãos e graças em nós e na vida de nosso próximo.

Falava ainda que é muito fácil dizer, para as pessoas que estão à nossa volta, que acreditamos em Deus. Isso sai de nossa boca de maneira bastante natural. No entanto, quando alguém nos pergunta se realmente acreditamos em Deus, e se sentimos a presença d'Ele em nós e na vida dos nossos irmãos, será que sabemos mesmo dar uma resposta concreta?

Essa pergunta provocou várias ligações de ouvintes testemunhando suas experiências pessoais de oração e meditação. No final do programa, chegamos à conclusão de que cada um tem seu modo de falar com Deus e de pensar n'Ele. Alguns sentem a presença divina na luz e no calor do sol, na brisa ou nas águas do mar, no ar que respiram, enfim, na criação de Deus. Outros sentem essa presença através do convívio com a família, com os amigos, com os colegas de trabalho ou de escola, com a comunidade religiosa da qual participam por meio de missas, terços, pastorais, visitas aos enfermos ou até mesmo quando recebem uma pessoa inesperada, portadora de alegria e otimismo ou de conforto diante de nossas fraquezas, incertezas e tribulações.

Diante dessa presença de Deus, que nos visita a todo momento, lembro-me da passagem do evangelho de São Lucas 1: 39-56, quando a Virgem Maria recebe o anúncio, trazido pelo anjo Gabriel, de que seria a mãe do Salvador – e que sua prima Isabel também teria um filho. Ela parte de Nazaré dirigindo-se apressadamente para uma região montanhosa, rumo a uma cidade de Judá, para visitar Isabel. Quando chegou lá, Isabel a saudou com estas palavras: "Você é bendita entre as mulheres, e é bendito o fruto do seu ventre! Como posso merecer que a mãe do meu Senhor venha me visitar? Logo que a sua saudação chegou aos meus ouvidos, a criança saltou de alegria no meu ventre. Bem-aventurada aquela que acreditou, porque vai acontecer o que o Senhor lhe prometeu" (Lc 1: 42-45).

Nessa passagem bíblica vemos uma ação concreta, isto é, uma resposta de Maria ao plano de Deus em sua vida. Além do "sim", aceitando ser a mãe de Jesus, Maria sai às pressas não só para visitar sua prima, mas também para servi-la. A alegria de Isabel pelo gesto de Maria é tão grande que ela diz: "Como posso merecer que a mãe do meu Senhor venha me visitar?". Ouve um encontro não só de duas mulheres, mas de dois frutos do amor de Deus. "Bem-aventurada aquela que acreditou, porque vai acontecer o que o Senhor lhe prometeu".

Assim, somos convidados hoje a vivenciar a disposição que Maria nos deixou como exemplo, com sua visita à prima, e a ver a presença de Deus na vida de Isabel, mulher já de idade avançada, tida como estéril. Mas como "para Deus nada é impossível" (Lc 1: 37), e tudo é possível quando temos fé, Isabel estava grávida de seis meses e daria à luz São João Batista, o anunciador de Jesus. Por isso Maria passou três meses cuidando de Isabel.

Aí está uma atitude de fé, de compromisso, de solidariedade, de disposição em cumprir a Palavra de Deus. Cada um de nós é chamado a sair de casa, do comodismo, para ir ao encontro dos irmãos mais carentes e excluídos, levando a presença de Deus aos que necessitam de ajuda, de amizade.

Que Maria Santíssima nos ajude a reconhecer a presença de Deus em cada pessoa e a acolher a Palavra de Deus, meditando sobre o chamado divino que a todo instante nos interpela, e respondendo a Ele de modo simples e concreto, com disposição para acolher e servir ao próximo. É a ela que dirigimos, mais uma vez, esta conversa por meio do terço, começando pelo pai-nosso e repetindo dez vezes a oração da ave-maria. Antes de prosseguirmos com mais um momento de nossa conversa com Maria, porém, rezemos esta

Oração a Nossa Senhora da Visitação

Virgem Maria, mãe de Jesus e minha querida mãe, invocando-vos sob o título de "Nossa Senhora da Visitação", vos peço que assim como visitastes vossa prima Isabel, venha visitar minha família, pois estamos necessitando de muitas graças, que certamente com vossa visita receberemos. Que com vosso exemplo possamos ser mais caridosos com nossos irmãos, indo visitá-los e confortá-los em suas necessidades. Obrigada, mãe, pelo vosso amor para conosco. Amém.

3. *Deus conosco*

Terceiro mistério: o nascimento do Menino Jesus em Belém

Gostaria de começar mais este momento de nossa conversa com Maria lembrando uma fábula que ouvi alguns anos atrás e que me ajudou a refletir sobre a presença de Deus entre nós. Compartilho essa narrativa na esperança de que ela seja tão edificante para você quanto foi para mim.

Certo dia os habitantes da Terra receberam uma mensagem do Céu que dizia: "Estou procurando uma casa para passar uma temporada. Contato: Deus". De repente, esse anúncio estava em todos os jornais, nas emissoras de TV e rádio do mundo todo, na internet, em *outdoors*, placas e faixas espalhadas por todos os lugares. Era, com certeza, o maior acontecimento publicitário da história. Claro que muitos não deram a menor importância, certos de que aquilo não passava de grande mentira, golpe de marketing de alguma empresa ou marca. Mas outros começaram a correr atrás para não perder essa única oportunidade de receber Deus em casa.

Os que acreditaram nesse anúncio tentaram contatar Deus, mas infelizmente nem todos conseguiam falar com Ele, e muitos logo desistiram porque não encontraram Seu número de telefone, endereço postal ou e-mail... O mais engraçado é que alguns chegaram até a procurar imobiliárias para saber que tipo de casa poderia agradar a Deus. Havia várias opiniões. Uns diziam: "Deus é Rei e Sua Majestade precisa de um belo e nobre palácio". Outros pensavam: "Deus é Todo-Poderoso, Magnífico, por isso deve ficar numa torre gigantesca – um edifício inteligente de alta tecnologia construído no centro de uma das principais cidades do mundo". Outros ainda falavam: "Deus trabalha demais e anda muito estressado por causa de tantos pedidos que recebe. Ele merece morar numa confortável e tranquila casa isolada nas montanhas".

Foram várias as opções de morada para Deus na Terra, todas na esperança de convencê-Lo da melhor forma. Foi um tempo de muita expectativa. Os que acreditavam aguardavam ansiosamente a resposta à pergunta "Onde Deus vai se hospedar?".

Passado certo tempo, ao amanhecer do dia, um peregrino bateu à porta de uma casa muito simples e humilde, numa pequena aldeia. Uma moça abriu. O peregrino olhou bem em seus olhos e lhe disse com voz cansada: "Estou à procura de uma casa para passar uma temporada". A princípio a moça se assustou, mas depois de um tempo de conversa acabou convidando o andarilho a entrar. Conversaram horas a fio. Ele narrou coisas incríveis e revelou-se tão encantador que a moça já não queria mais que o estranho fosse embora.

Você já deve supor quem era o peregrino, que mais adiante revelou Sua identidade: "Eu sou Deus, o mesmo que espalhou pelo mundo o anúncio de que procurava uma morada na Terra. Entre tantas, escolhi a sua casa". A moça quase desmaiou! Jamais pensaria que Deus fosse se hospedar em casa tão humilde. E Deus esclareceu: "As pessoas não entenderam o meu anúncio. Eu queria mesmo era me hospedar no coração delas. Mas achei muitos corações fechados! Vi inúmeros corações protegidos por uma bela aparência pelo lado de fora, mas por dentro vi muita coisa feia. Outros estavam ocupados com a riqueza, com o poder e com outras coisas que são passageiras. Esses corações não têm lugar para mim. Por isso vim bater à sua porta".

E assim passaram o dia todo conversando. Aos poucos ela descobriu quanto Deus é simples. Ao anoitecer, Ele se levantou para partir. A moça estranhou e disse: "Já vai? Mas Você disse que ia passar uma temporada!". Aí Deus lhe disse baixinho, bem perto do coração: "Eu disse que queria Me hospedar no coração das pessoas. Pois bem, já estou no seu. Agora quero que você receba meu Filho, pois é Ele quem vai tocar no coração das pessoas para que se abram. Pode fazer isso por mim?".

A jovem olhou para Ele e disse: "Você tem um Filho? Cadê Ele? Quando vai chegar?". E Deus, de novo falando ao coração dela: "Você terá que gerar o meu Filho em seu corpo e ser Sua mãe. Ele ficará sob seus cuidados, até que possa realizar a missão que Lhe dei".

A moça, depois de um tempo em silêncio, declarou: "Não posso, já sou comprometida. Estou noiva". E Deus lhe disse: "Já pensei em tudo. Seu noivo vai concordar. Ele será um pai para o meu Filho, que precisará de um lar, de uma família e de cuidados". Depois disso, não havia como dizer não a Deus. A aldeia que Deus escolhera se chamava Nazaré, e o nome da moça que O recebeu era Maria. "E o Verbo se fez carne, e habitou entre nós" (Jo 1: 14).

Quando estava se aproximando o dia de Maria dar à luz, o casal teve que fazer uma viagem às pressas por exigência do governo. À margem da estrada encontraram uma faixa, meio encardida, agarrada ao capim. A escrita ainda era legível: "Estou procurando uma casa para passar uma temporada. Contato: Deus". Ela deu um suspiro e alisou a sua barriga. O menino se mexeu. O marido perguntou: "Está com dor? Não se preocupe: Deus está conosco. Vai dar tudo certo".

Já no começo da noite chegaram à cidadezinha para onde iam. Para desespero deles, porém, todos os hotéis, pousadas e casas estavam lotados. Não havia lugar para se hospedarem. A única opção de abrigo era um curral. A noite chegou e a jovem entrou em trabalho de parto. "Meu Deus! É assim que vai nascer o Seu Filho, sem o conforto de uma cama, sem o aconchego de uma casa?". Então ela se lembrou do que Deus havia lhe dito: "Não se preocupe, é no meio dos pobres que eu me sinto mais à vontade".

E o Menino nasceu. A mãe O enrolou com faixas e O manteve aquecido junto ao seu corpo. Deitados no chão, os pais, felizes, contemplavam seu bebê dormindo no cocho, onde vacas e cavalos vinham comer sua ração. Maria pensou: "Deus está aqui. Ele veio se hospedar conosco, na pessoa de uma pobre criança".

Graças ao "sim" de Maria, Jesus está presente no meio de nós! É esse Jesus, o Filho da moça humilde chamada Maria e do carpinteiro José, que continua presente em nossos lares. É uma presença invisível, mas real, concreta. Jesus está presente em nosso trabalho, em nossos momentos de oração e em nosso próximo, principalmente naqueles que sofrem, nos pobres, nos humildes e nos menos favorecidos.

Do mesmo modo que Maria acolheu o projeto de Deus, tornando possível a presença d'Ele no mundo, acolhamos também o projeto divino. Deus quer fazer morada em nós, quer se hospedar em nosso coração e em nossa vida – mas, para isso, devemos abrir nossos corações, tal qual a moça da aldeia abriu a porta de sua modesta casa ao estranho peregrino.

Peçamos a Maria, a mãe de Jesus, por meio dessa conversa com ela, que é a oração do terço, que ela interceda por cada um de nós. Elevemos ao Céu, mais uma vez, o pai-nosso e dez ave-marias. Antes, contudo, lembrando a missão materna que Maria cumpriu tão bem, rezemos esta

Oração a Nossa Senhora do Bom Parto

Ó Maria Santíssima, vós, por um privilégio especial de Deus, não sofrestes as dores do parto, mas, sem dúvida, compreendeis perfeitamente as angústias e aflições das mães que esperam um filho, das que o carregam durante a gravidez e das que, por diferentes motivos, aguardam angustiadas a hora do parto. Olhai para mim, vossa serva, que na aproximação do parto sofro angústias e incertezas. Dai-me a graça de ter um parto feliz. Fazei que meu bebê nasça com saúde, forte e perfeito. Eu vos prometo orientar meu filho sempre pelo caminho certo, o caminho que o vosso filho, Jesus, traçou para todos os homens: o caminho do bem, do amor, da justiça e da paz. Virgem Mãe do Menino Jesus, agora me sinto mais calma e mais tranquila porque já sinto a vossa maternal proteção. Nossa Senhora do Bom Parto, rogai por nós!

4. *Dores e delícias de ser mãe*

Quarto mistério: a apresentação do Menino Jesus no templo e a purificação de Maria

Muitas vezes sentimos nossas limitações, e há momentos em que nossas forças se abatem. Nessas horas apenas a fé em Deus pode nos trazer de volta a esperança e as motivações para enfrentarmos as dores que nos angustiam.

Quem é mãe entende bem isso. Conduzir o lar, criar os filhos, trabalhar (dentro ou fora de casa), cultivar o casamento são demandas que muitas vezes exigem até demais e podem trazer dissabores e também desespero. Por isso é importante refletirmos com especial atenção sobre o quarto mistério gozoso do santo rosário. Faço um convite muito particular às mães para que olhem para a figura de Nossa Senhora, cujo coração foi transpassado por uma espada de dor, e aprender com ela a virtude da total confiança em Deus.

Sabemos que ser mãe não é fácil. Gerar uma vida, provê-la de todas as necessidades materiais, dar-lhe a educação necessária, inclusive moral e espiritual, e sobretudo ensinar a amar – que é a missão mais sublime de toda mãe – são "tarefas" que exigem muito e para sempre. Desde o instante em que se descobre grávida, a mãe sela um compromisso eterno com aquela vida. Compromisso que se traduz em expectativas e sonhos de futuro: ver o filho ou filha crescendo saudável, desenvolvendo-se ao longo do tempo com dignidade e justiça e acumulando vitórias.

A "tarefa" não é fácil justamente porque nem sempre os sonhos se realizam. Os filhos vão crescendo e com o crescimento chegam as preocupações, as ameaças, as incertezas, as inseguranças que o mundo traz. Dificuldades na escola, problemas de disciplina, desinteresse pelos estudos, as más influências de colegas e amigos, a rebeldia de ficar na rua até tarde... Então vêm as "baladas", os primeiros namoros, a preocupação com as companhias, o vestibular, uma entrevista de emprego... Na adolescência multiplicam-se as incompreensões: o filho ainda não é adulto, mas não é mais aquela criança que a mãe embalou e entendia, bastava um choro. Agora surge a desobediência e o enfrentamento, além do risco do álcool e das drogas, que podem levar o filho para o mundo do crime, da violência, da morte.

Para a mãe, pois, é bastante doloroso quando o filho precisa assumir sua identidade, tornar-se responsável, autônomo, independente e reconhecer seus limites para voar com suas próprias asas em busca de sua realização pessoal e profissional. É um momento de ruptura que nunca acontece sem dor, por mais tranquila que seja a relação.

Lembro que, por ocasião da Semana Nacional da Família, no mês de agosto, evento organizado pela Conferência Nacional dos Bispos do Brasil - CNBB –, fui convidado a dar palestra sobre a relação entre pais e filhos. Na minha fala usei um texto de autor incerto, que encontrei na internet, mas que é muito certo para resumir o que penso a respeito:

"Devemos criar os filhos para o mundo. Torná-los autônomos, libertos, até de nossas ordens. A partir de certa idade, só valem conselhos. Especialistas ensinaram-nos a acreditar que só essa postura torna adulto aquele bebê que um dia levamos na barriga.

"A maioria de nós, pais, acredita e tenta fazer isso. O que não nos impede de sofrer quando os filhos fazem escolhas diferentes daquelas que gostaríamos ou quando eles próprios sofrem pelas escolhas que recomendamos. Então, filho é um ser que nos emprestaram para um curso intensivo de como amar alguém além de nós mesmos, de como mudar nossos piores defeitos para darmos os melhores exemplos e aprendermos a ter coragem. Isso mesmo!

"Ser pai ou mãe é o maior ato de coragem que alguém pode ter, porque é se expor a todo tipo de dor, principalmente da incerteza de estar agindo corretamente e do medo de perder alguém tão amado.

"Perder? Como? Não é nosso, recordam-se? Foi apenas um empréstimo! Então, de quem são nossos filhos? Eu acredito que são de Deus...".

Esse texto nos ajuda a entender bem uma passagem da Sagrada Escritura que gostaria de comentar aqui. Por favor, abra sua *Bíblia* no Evangelho de São Lucas e leia o capítulo 2, versículos 22 a 35, trecho que relata a apresentação do Menino Jesus no templo e a purificação de Nossa Senhora. Depois que você terminar a leitura nós voltamos a conversar, no próximo parágrafo.

O trecho é curto, não? Pode parecer um pouco estranho, além do final misterioso. Vamos entendê-lo. Maria não era obrigada a se submeter ao ritual da purificação, mas ela fez questão de cumprir todas as leis da tradição judaica. Temos aí um exemplo de obediência e humildade. Portanto, seguindo os preceitos da religião, quarenta dias após o parto Maria e José partiram para apresentar o Menino Jesus recém-nascido no templo, em Jerusalém. Lá encontraram o profeta Simeão, a quem o Espírito Santo revelara que não morreria sem antes ver o Messias. Simeão diz a Maria: "Eis que este menino foi colocado para a queda e para o soerguimento de muitos em Israel, e como um sinal de contradição – e a ti, uma espada traspassará tua alma! – para que se revelem os pensamentos íntimos de muitos corações" (Lc 2: 34-35).

Com essas palavras o profeta inicia a preparação de Nossa Senhora, cuja missão será dolorosa. A espada traspassaria seu coração diversas vezes, como veremos, até o dia em que ela encontraria seu Filho pregado numa cruz. Diz o evangelista, porém, que Maria "conservava cuidadosamente todos esses acontecimentos e os meditava em seu coração" (Lc 2: 19).

Já a partir do evento da apresentação no templo Maria passa a perceber que Jesus não é mais exclusivamente dela. Pelo contrário, entende que Ele veio ao mundo com a missão de salvar toda a humanidade, e para isso o preço a ser pago seria alto.

Vamos, então, retomar nossa conversa com Maria, começando por pedir sua intercessão como Nossa Senhora da Apresentação, e depois, seguindo o rosário, ergamos um pai-nosso e dez ave-marias por todas as mães que sofrem pela ausência de seus filhos, para que elas possam encontrar na Virgem o exemplo daquela que confiou na presença divina e que suportou todas as dores e provações buscando viver a alegria e a paz que vêm de Deus. Rezemos, juntos, esta oração:

Ó Virgem Santíssima, que entregastes o vosso divino Filho com tanto desprendimento e com tanto amor a Deus para que Ele pudesse operar a Redenção do gênero humano; ainda que essa entrega consistisse em que uma espada de dor transpassasse o vosso Sapiencial e Imaculado Coração, ainda que vós sofrêsseis todos os tormentos e dores da Paixão, como de fato sofrestes, a ponto de serdes chamada Nossa Senhora das Dores; essas sete dores que transpassaram o vosso Coração, ó Virgem Santíssima, sofrestes com tanta generosidade, a ponto de entregar o maior tesouro que uma mãe pudesse possuir na face da Terra; dai-me a graça de que eu também, no final desta meditação, seja tocado(a) no mais fundo de minha alma, pronto(a) para entregar tudo em vossas mãos; ser justo(a) como Simeão e nunca pecar, ser puro(a) como Vós, amando a pureza como Vós a amais; estou inteiramente disposto(a) a sofrer tudo o que seja necessário para maior glória de Deus e santificação de minha alma. Assim seja!

5. Todos nós temos uma missão

Quinto mistério: a perda e o reencontro do Menino Jesus no templo

Certo dia, numa de minhas férias, visitando uma praia em Balneário Camboriú (SC), fui da felicidade ao mais puro desespero em poucos segundos: vi o pânico de uma mãe que logo entrou em colapso nervoso ao perceber que se perdera do filho. Então passou-me pela cabeça quantos planos para o futuro poderiam se dilacerar diante daquela possível tragédia.

A criança, de pouco mais de seis anos, estava encantada com as ondas do mar, com a liberdade e a imensidão do chão de areia, com o sol vivo e ardente que iluminava toda aquela beleza. É claro que ela não imaginava os riscos que poderia correr, e muito menos que sua falta causaria tanto desespero, mesmo se fosse só por alguns minutinhos. E assim o pequeno menino e aventureiro perdeu-se na multidão que se espremia na areia. Felizmente, ainda há muita solidariedade no mundo. As pessoas logo notaram a aflição daquela mãe e, em frações de minuto, formou-se uma "força-tarefa" para ajudá-la. O burburinho espalhou-se rápido pelo balneário e em alguns minutos alguém surgiu com o menino, que gritava em seus braços: "Eu quero a minha mãe!".

De repente, toda a praia aplaudia o feliz reencontro, que se perpetuou em minha memória como uma fotografia. Mãe e filho se abraçaram calorosamente, com muitos beijos e lágrimas, e o choro contaminou todos os que presenciaram a cena. Ninguém soube o nome daquela senhora, mas não há quem não entenda o amor da mãe que defende e protege seu filho. Depois disso fiquei pensando: a aventura e a novidade encantaram o garoto, mas ao mesmo tempo elas foram a causa do sofrimento de sua mãe. Para ela, aquilo foi um momentâneo calvário.

Com Nossa Senhora não foi diferente. Até nisso ela se parece com a gente! Convido você a ler o Evangelho de São Lucas, capítulo 2, versículos 41 a 50, em que o evangelista nos relata o dia em que Maria e José, que voltavam de Jerusalém, percebem que seu Filho não estava com ninguém da caravana.

Quem passou pela experiência de perder um filho ou uma filha entende o desespero de Maria e José ao darem falta de seu Menino. Para os pais, Ele se perdera. Após três dias de buscas, encontraram Jesus no templo, em Jerusalém, interrogando e ouvindo os doutores da Lei. Mesmo diante do desespero e do tamanho susto que Jesus os fez passar, os pais ficaram emocionados e admirados. Maria, porém, quer saber o motivo daquela atitude, que tanto angustiou a ela e a seu marido: "Meu Filho, por que agiste assim conosco?". E Jesus respondeu com uma interrogação: "Vocês não sabiam que eu devo estar na casa de meu Pai?". Maria e José não compreenderam o que o Filho estava dizendo, mas acolheram a resposta na fé e na confiança em Deus e assim prosseguiram. Naquele momento, Jesus revelava-se como Filho de Deus e deixava bem clara sua consagração total à missão divina que Lhe fora dada.

Ao retornarem para casa, Jesus permaneceu obediente a José e Maria, cumprindo com perfeição o quarto mandamento: "Honrar pai e mãe". Ele continuou crescendo em estatura, sabedoria e graça. Não podemos esquecer que Jesus é humano: encarna-se, torna-se homem e assume ser verdadeiramente humano como nós, menos no pecado. Por isso Ele precisou de uma família e nela pode aprender uma profissão e a tradição de seu povo, construindo sua maturidade humana e religiosa.

Nós também temos uma missão. Mesmo diante dos encontros e desencontros da vida, somos chamados, como Jesus, Maria e José, a assumir as nossas famílias, as nossas crianças, os nossos jovens para que cresçam em sabedoria e graça.

Seguindo o exemplo de Jesus, honremos sempre os nossos pais, a quem devemos a nossa vida. Esse mandamento não se limita a eles, mas se estende a todas as relações de parentesco, aos alunos para com seus professores e aos que Deus, para o nosso bem, revestiu de autoridade.

Pensando, pois, sobre esse quinto mistério gozoso, rezemos um pai-nosso e dez ave-marias, pedindo a Nossa Senhora que interceda por nós junto a Deus, para que Ele nos ajude a entrar no mistério da Encarnação de seu Filho, que nada mais é que o mistério da família. Comecemos por esta

Oração a Nossa Senhora pelas Famílias

Santíssima Mãe de Jesus, esposa do glorioso São José, vós pertencíeis à Sagrada Família e nela tínheis grandes obrigações a cumprir. Ah! Senhora, que solicitude e cuidados tivestes na casa de Nazaré! Quantas tristezas pela pobreza de vossa família e pelos sofrimentos que isso poderia ocasionar a Jesus! Que diligência no trabalho, e que zelo na educação de vosso adorado Jesus! Já que conheceis tão bem as necessidades de uma família, escutai as súplicas que vos dirige esta família que vos pertence. Ensinai-nos as virtudes que praticastes; socorrei e assisti nossas mães para que sejam em nossas casas o que vós éreis na casa de Nazaré, a fim de que, imitando elas vossas virtudes, façam também a felicidade de nossas casas, como fizestes felizes as pessoas da Sagrada Família. Amém.

II

Amor, o Maior de Todos os Milagres: Mistérios Luminosos

1. *Ser cristão é fazer a diferença*

Primeiro mistério: o batismo de Jesus no rio Jordão

Você sabe quando foi batizado? Pois é, pouca gente sabe. Quase ninguém lembra o dia em que lhe aconteceu esse milagre. Milagre, sim. Pois veja comigo: parece pouco tornar-se filho de Deus? Mas o batismo é exatamente isso: o milagre de se tornar divino! Como filhos de Deus, carregamos uma parcela de Sua divindade em nós, que nos é transmitida através do batismo.

Na oração do rosário, o primeiro dos mistérios luminosos é exatamente sobre esse sacramento, pois nele contemplamos o dia em que Jesus foi batizado no rio Jordão e em que Sua missão foi anunciada. Naquele tempo, o batismo era um rito que simbolizava a purificação dos pecados, uma passagem para uma vida nova, que só aconteceria após o arrependimento dos pecados. As pessoas procuravam São João Batista para se confessar e receber o batismo. Veja como os símbolos são interessantes e dizem muita coisa: depois que se confessavam, as pessoas eram mergulhadas nas águas do rio Jordão por São João Batista: eram "lavadas", isto é, purificadas de seus pecados. O batismo de São João despertava todos para a necessidade do arrependimento, em preparação para a vinda do Salvador. Mas era algo provisório, como disse o próprio Batista: "Depois de mim vem o mais forte que eu, a quem não sou digno de, abaixando-me, desatar a correia das sandálias. Eu vos tenho batizado com água. Ele, porém, vos batizará com o Espírito Santo" (Mc 1:7-8).

Agora você deve estar perguntando: por que Jesus Se submeteu ao batismo de São João se Ele não tinha pecado, se era o Filho de Deus? É aí que reconhecemos o amor de Jesus por nós. Ele quis ser batizado para se mostrar solidário com tudo que é humano. Jesus não precisava passar por esse ritual de purificação, pois não tinha culpa alguma. Mas fez questão de ser batizado para se revelar compreensivo conosco, como se nos dissesse: "Olhem, eu entendo o que é o pecado, sei o que é estar fora da bênção e da graça de Deus".

Aquele momento foi tão importante que o Espírito Santo se manifestou em forma de pomba, e Deus fez ouvir Sua voz dizendo, quando Jesus emergiu das águas do Jordão: "Tu és o meu Filho amado; em Ti encontro o meu agrado" (Mc 1: 11). A partir daquele instante Jesus é publicamente reconhecido por seu Pai como Messias, iniciando Sua missão de salvar todas as pessoas, sem distinção. Naquele dia Ele instituiu o batismo para todos os que desejam ser Seus seguidores, isto é, cristãos. Por isso, mais tarde, ao subir aos céus, Jesus passou aos seus apóstolos a missão de batizar: "Portanto, vão e façam com que todos os povos se tornem meus discípulos, batizando-os em nome do Pai, e do Filho, e do Espírito Santo" (Mt 28: 19).

Agora você percebe a importância do dia em que foi batizado? Naquela data, você "nasceu de novo", agora como filho(a) de Deus, recebendo o Espírito Santo para, como discípulo(a) de Jesus, realizar a missão de levar a Palavra vida afora, onde quer que esteja.

O batismo não é um ritual de magia, que "fecha o corpo" da criança ou a protege contra a doença, o quebranto e o mau-olhado. Ele não é uma simples tradição, que se herda de pais e avós, e que a gente faz para agradá-los. Nem é um bonito evento social, para dar satisfação a familiares, parentes e amigos, e que "pega mal" se ficarmos de fora. O batismo é muito sério.

Por meio dele nós nos tornamos Igreja, membros do corpo de Cristo e irmãos de todos os cristãos. É algo importante demais para ficar esquecido, não é mesmo? Porém, como disse, pouca gente dá importância a esse milagre. Sabemos quem são nossos padrinhos, há fotos do dia em que, ainda bebês, nos levaram à igreja para a cerimônia, nossos pais se lembram da festa que organizaram e dos presentes que recebemos, mas o grande milagre fica esquecido. E milagre esquecido é milagre sem efeito.

Para que o batismo continue frutificando em nossa vida é preciso renová-lo todos os dias, levando a sério a missão que nos foi confiada. Ser cristão é fazer a diferença. E fazer a diferença como cristão é ser solidário, amigo, generoso, justo, desprendido. É ver em cada ser humano a presença de Deus.

Os padrinhos não são apenas aquele amigo e aquela amiga que desejamos homenagear e que frequentam a igreja de vez em quando. Eles devem ser exemplos na formação humana e religiosa da criança, ter uma vida realmente cristã, engajada na comunidade, e levar a sério seu próprio batismo. Devem ter recebido também os sacramentos da crisma e da eucaristia e precisam ter, no mínimo, 16 anos de idade, além de fazer o curso preparatório. É nesse curso que pais e padrinhos relembram todas as responsabilidades que mais tarde transmitirão aos seus filhos e afilhados.

O rito desse sacramento está repleto de "recados" lembrando a seriedade do compromisso que é assumido ali. O primeiro deles é o sinal da cruz, traçado na testa da criança, que significa a graça da redenção que Cristo nos concedeu ao ser crucificado. Depois a criança é ungida no peito com o óleo dos catecúmenos, que representa a força de Cristo para renunciar a todo o mal que está a sua volta. Em seguida, o poder do Espírito Santo é invocado sobre a água, para que os que forem batizados nela possam nascer dela e do próprio Espírito Santo. Por fim, a criança pode ser imergida três vezes ou então pode-se derramar três porções de água sobre sua cabeça (o que é mais comum), significando a morte para o pecado e a entrada na vida da Santíssima Trindade. A roupa branca quer dizer que a criança "vestiu-se de Cristo" (Gl 3: 29) e que deve conservar a pureza ao longo da vida. A vela acesa simboliza que os batizados são "luz do mundo" (Mt 5: 14). Ao fim do rito, reza-se o pai-nosso, pois agora aquela pessoa tornou-se filha de Deus.

A missão de batizados é grande e desafiadora. Se a missão é grande, porém, maior deve ser a nossa esperança Naquele que mantém os Céus abertos para nós e nos chama de filhos. Por isso, retomando a oração do rosário, dediquemos este pai-nosso e estas dez ave-marias à nossa mãezinha, que é a mãe de Jesus, pedindo a ela que nos ajude a renovar a cada dia o nosso batismo, como verdadeiros discípulos e missionários de Cristo na Terra. Primeiro, façamos esta oração:

Senhor,
O batismo mergulha-Vos na humanidade pecadora.
Ele anuncia um outro batismo,
O batismo de Vosso mergulho na morte para a salvação do mundo:
Eu vim para que os homens tenham vida em abundância (Jo 10: 10).
E o amor Vos impulsiona a cumprir Vossa missão sem tardar:
Eu devo receber um batismo e como desejo que ele aconteça (Lc 28: 20).
Este mesmo amor Vos faz permanecer agora conosco, pecadores:
Eu estarei convosco todos os dias até o fim dos tempos (Mt 28: 20).
Vós permaneceis conosco... E por Vossos sacramentos, fazeis-nos participar de Vossa vida divina:
- no batismo, o Pai nos diz a cada um: Tu és meu Filho amado...
- o sacramento do perdão faz retornar à vida e enche de alegria este Pai...
- pela eucaristia, vindes desenvolver esta vida...
Senhor Jesus, de pecadores que somos, fazei de nós filhos de Deus. Amém.

2. *O que temos nós com isso?*

Segundo mistério: Jesus transforma a água em vinho nas bodas de Caná

No capítulo anterior vimos que, com o batismo, assumimos a missão de fazer diferença no mundo. Mas muitas vezes fazemos de conta que "não é comigo", que "o problema não é meu" ou que "é cada um por si e Deus por todos". Se você é cristão pra valer, a coisa não é bem assim. Pense comigo.

Neste segundo mistério luminoso contemplamos as bodas de Caná, que para mim é uma das passagens bíblicas mais fascinantes. Ela está no Evangelho de São João, capítulo 2, versículos 1 a 11, e narra o primeiro milagre de Jesus.

Tudo acontece numa festa de casamento em Caná, na Galileia, para a qual Maria, Jesus e seus discípulos foram convidados. Maria percebe que o vinho da festa está acabando, e que se ele faltar será um constrangimento para os noivos. Então ela se dirige ao seu Filho, dizendo: "Eles não têm mais vinho". Maria confia e espera em Jesus, pois sabe que Ele pode fazer algo para impedir o fracasso da festa. Ele, porém, responde de modo um tanto enviesado: "Mulher, por que dizes isso a mim? Minha hora ainda não chegou". Mas Maria conhece bem o Filho, e conduz os servos até Jesus, dizendo-lhes: "Façam tudo o que Ele mandar". Naquele momento ela age como a grande intercessora da humanidade junto a Jesus, que manda vir talhas de pedra e ordena que elas sejam enchidas de água. Depois pede que os servos levem as talhas para o encarregado da festa, que prova delas – e descobre que aquele era o melhor vinho.

Veja bem: Maria teve pena dos noivos, cuja festa seria estragada pela falta da bebida. Ela se preocupa com as necessidades humanas. Ao se identificar com a aflição daqueles noivos ela demonstra como se identifica com cada um de nós. Como nas bodas de Caná, hoje também ela intercede por nós com um amor totalmente materno. No Evangelho, Maria leva o problema para Jesus porque não pode resolvê-lo. Assim somos nós, que no percurso do cotidiano nos sentimos tantas vezes impossibilitados de resolver os problemas e as dificuldades com nossas próprias forças. E quando as forças parecem nos faltar, é o momento de pedir a Maria que interceda por nós, entregando a Jesus nossos pedidos, anseios, aflições, pois somente Ele poderá nos ajudar.

Você já deve ter pedido algo a Deus, de joelhos, em oração, em momento de angústia ou desespero – e o pedido pode não ter sido atendido. Aí vem a revolta: Deus não me ama, não me escuta, não cuida de mim, da minha família, do meu casamento. Mas vejamos as palavras de Jesus a Maria: "A minha hora ainda não chegou". Vivemos no mundo do imediatismo, do tudo "pra ontem", e queremos respostas instantâneas. O tempo de Deus, porém, não é o nosso tempo. Nossa vontade pode não ser a vontade de Deus. Precisamos entregar nossos problemas a Jesus, sim, mas confiar n'Ele e esperar a Sua hora. Precisamos aprender, com Maria, a fazer o que o seu Filho mandar. Jesus, que transformou a água no melhor vinho, também transformará todas as situações difíceis de nossa vida, até aquelas que parecem sem solução.

Agora, não podemos esperar passivamente. A necessidade não nos torna incapazes. Veja outra lição dessa passagem do Evangelho: Maria se incomodou com o problema que não era dela, não ficou esperando que alguém tomasse alguma iniciativa, não se refugiou numa posição omissa, de alguém que diz: "Que temos nós com isso?". Pelo contrário, ela demonstrou sua preocupação com o próximo, sua disposição em ajudar, em evitar um sofrimento. Ela não foi apenas uma mediadora. Mais que isso, Maria agiu como verdadeira cristã, movida pela compaixão, pela generosidade, pela solidariedade.

Retomemos o rosário, rezando um pai-nosso e dez ave-marias, pedindo que Jesus e Maria estejam sempre em nossa vida, em nossa história, em todos os momentos. Que estejamos sempre atentos a ouvir o que Jesus tem a nos dizer, a nos ensinar, pois para o final dessa "festa" que é a vida Ele nos reserva o melhor vinho, isto é, a alegria da salvação. Que Maria Santíssima sempre interceda por nós, e que Jesus Cristo nos abençoe com o vinho do Seu amor. Para este mistério luminoso escolhi a seguinte oração, antes de voltarmos ao rosário:

Ó Maria Santíssima, Virgem Santíssima, que neste episódio do Evangelho apareceis como suplicante, como medianeira pela primeira vez; vós que intercedestes junto a vosso Divino Filho apesar de não ser ainda a hora, para pedir um milagre, antecipando a vida pública de Nosso Senhor Jesus Cristo. Vós, que tendes a voz, vós, que sabeis pedir como ninguém sabe, e que tendes a súplica infalível, nós vos pedimos, ó Mãe, que estejais a cada passo conduzindo a nossa inteligência, iluminando-a, fortalecendo nossa vontade, inflamando-nos com o desejo de aceitar inteiramente todas as graças que Nosso Senhor nos dará durante esta meditação. Pedimos que nos ensineis a compreender a beleza da vocação, a beleza de vossa mediação, a beleza da fé e da obediência, para que assim melhor possamos servir a Deus. Assim seja!.

3. Somos o sal da terra, a luz do mundo

Terceiro mistério: a pregação de Jesus anunciando o Reino de Deus e convidando à conversão

A gente se lembra de quem cozinhou quando falta sal na comida, não é mesmo? Qualquer prato sem nenhum tempero não tem a menor graça, e o trabalho do cozinheiro é justamente dar sabor ao que vai para a mesa. Se ele não cumpre esse papel, a refeição será um fracasso. Não por acaso, quando uma pessoa é desprovida de encanto ou ânimo dizemos que ela é "sem sal" - isto é, sem graça, sem vida.

Em nossa existência as coisas são assim também: se não somos "sal", se não proporcionamos sabor, se não fazemos diferença e se não damos vida ao que está em nosso entorno, então somos como aquele prato insosso, intragável, que ninguém quer.

Não estou inventando essa história. Ela está no Evangelho, em belas palavras hoje conhecidas como "Sermão da montanha" ou "Sermão das bem-aventuranças" (Mt 5: 1-16), pronunciadas pelo próprio Cristo. É uma das mais conhecidas passagens evangélicas e uma espécie de "manual" para quem quer colocar em prática o maior dos mandamentos: "Amar a Deus sobre todas as coisas, e ao próximo como a si mesmo". Peço a você, leitor, que leia esse trecho do Evangelho antes de prosseguirmos com nossa conversa.

Já terminou? Não é mesmo bonito? Jesus era um verdadeiro poeta, não? As bem-aventuranças que Ele proclama nessa passagem são divididas em oito: as quatro primeiras consolam os que sofrem algum tipo de opressão ou angústia; as quatro últimas falam daqueles que, com fé e amor, empenham-se para trazer justiça e paz ao mundo.

Repare bem, agora: apesar de Ele prometer uma "recompensa nos Céus", Jesus espera que, ao acolhermos a Palavra, nós também saibamos cumprir com nosso compromisso de cristãos – isto é, ser "o sal da terra e a luz do mundo". Nosso dever é brilhar por meio do que fazemos (pois é, não adianta só falar...): "Brilhe do mesmo modo a vossa luz diante dos homens, para que, vendo as vossas boas obras, glorifiquem vosso Pai que está nos Céus" (Mt 5: 16). Pelo batismo somos chamados a assumir uma vocação dentro da Igreja como pessoas engajadas, conscientes, atuantes. Na comunidade onde você vive existem inúmeras maneiras de desempenhar o chamado de Deus como um missionário de Cristo.

Quando dizemos "missionário" logo pensamos naquele que deixa casa, família, trabalho, país para levar o Evangelho aos lugares mais distantes e carentes. Isso é um engano. A missão pode estar bem do seu lado. Você é um missionário todas as vezes que ajudar o vizinho, o amigo, o colega, o familiar que passa por alguma dificuldade material ou espiritual. Você é um missionário quando traz de volta à Igreja os que estavam afastados dela. Você é um missionário até quando separa o lixo reciclável, porque assim contribui para preservar a natureza, essa maravilhosa criação de Deus que todos os seres humanos compartilham.

É possível ir além. Sempre é. Há pessoas que têm o dom de cuidar de doentes, outras de levar o conforto a esses enfermos – que muitas vezes estão esquecidos e precisam de atenção, amor e carinho. Outras têm vocação para trabalhar nas pastorais sociais que cuidam dos mais fracos e necessitados. Outras, ainda, têm capacidade especial para transmitir a Palavra de Deus, seja dentro de casa, seja por meio da catequese, seja através da mídia. Enfim, terra para salgar e mundo para iluminar não faltam. O que falta, muitas vezes, é vontade de sair do comodismo...

Tudo isso me faz lembrar uma canção do padre Antônio Maria que marcou muito minha vida e vocação, ainda na época em que eu era seminarista. Época de decisão, em que devia responder a Deus sobre a missão que, no batismo, Ele me confiou. Essa canção realmente tocava o meu coração e me renovava a cada dia como discípulo de Jesus no meio do povo, me convocando a ser sal da terra e luz para o mundo:

O mundo está à sua frente com tanta coisa para mudar
Esperando pelo amor que só você pode lhe dar
Não tenha medo de se abrir, não tenha medo de ajudar
Pois sua força não é daqui, ela não é desse lugar

Bem lá no fundo do seu ser essa sua força vem brilhar
É o Espírito de Deus que vem sua vida conquistar
Comece agora a viver toda lição que Ele ensinou
E mostre ao mundo, sem temer, o que o Pai já lhe mostrou

Seja a luz do mundo! É o Senhor a te chamar!
Sinta esse amor profundo! Ele quer te ver lutar!
Pois só no Seu caminho é que tudo vai mudar!
Basta seguir em frente e a Ele se entregar!

Você não vai estar sozinho, Ele te ajuda a caminhar.
Ensine ao mundo o seu caminho e mostre sempre o que é amar.
Então seus olhos vão se abrir, seu coração se iluminar.
Quando o mundo descobrir que Ele veio nos salvar.

Só o Espírito de Deus pode nos trazer a paz.
Ele é a vida eterna, que só Jesus Cristo nos traz.
Deixe-O então agir, e a verdade aparecer.
Vem receber a vida eterna que Ele quer te oferecer.

Vem lutar por essa vida, por um mundo melhor.
Seja o sal da terra inteira, em nome de Deus.
Seja vida, seja luz do mundo, e aceite essa missão.
Pois Jesus vai estar contigo dentro do seu coração.

A *Bíblia* nos ensina, porém, que a função do sal não é só a de dar sabor, mas também a de conservar os alimentos (Jz 9: 45; Lv 2: 13; Ez 16: 4). No Nordeste e no Sul do Brasil, por exemplo, ainda hoje há a tradição da carne de sol e do charque, que ficam pendurados ao ar livre, mas que são protegidos pelo sal, que não deixa que estraguem. Como cristãos, é nosso dever preservar nossas convicções, nossos valores, nossos princípios, impedindo que sejam corrompidos pelo egoísmo, pela ganância, pelo ódio, pela violência.

Sal da terra, luz do mundo. Essa é a reflexão que o terceiro mistério luminoso do rosário nos apresenta. É à Virgem Maria, essa missionária do amor, que pedimos ajuda para desempenhar nossa missão, rezando um pai-nosso e dez ave-marias. Com o coração aberto, vamos pedir:

Doce e serena Senhora dos meus caminhos, nosso Pai que está nos Céus, que te criou e me criou, nos dá o livre-arbítrio para escolhermos nossos caminhos, e tu escolhestes o melhor deles: ser a Bem-Aventurada pela humildade em fazer e entender a Sua vontade na Terra.

Ajuda-me nesta hora em que preciso discernir qual o melhor caminho a seguir, pois tu tivestes o discernimento de dizer sim na hora em que fostes escolhida para ser mãe de Jesus. Amém.

4. “Este é o meu Filho amado”

Quarto mistério: a transfiguração de Jesus

Era um sábado de 2011, em Campinas (SP). Hugo e Lucilene passeavam com o filho Victor na calçada. O bebê, de um ano e dois meses, estava no carrinho. De repente, uma moto desgovernada veio para cima da criança. “Quando vi a moto vindo, puxei o carrinho e coloquei minha perna na frente da roda. A única coisa que eu pensei foi em salvar a vida do meu filho. Melhor eu, que já vivi, do que ele. É instinto de pai”, disse Hugo. Fala-se tanto em amor de mãe, mas está aí uma prova de que, quando se trata de filho, o amor de quem gera e cuida de outra vida não tem limite.

Pois é exatamente esse amor que contemplamos no quarto mistério luminoso: Deus anuncia aos discípulos Pedro, Tiago e João que Jesus é Seu Filho amado. Aliás, para descrever esse amor tão grande, que abarca todos os seres humanos, o papa João Paulo I disse algo curioso e bem-humorado: “Deus é mais mãe do que pai”. É que, como eu disse, a gente espera que ninguém ame mais os filhos do que as mães. O Hugo de Campinas mostrou que não é bem assim...

O anúncio feito por Deus acontece numa passagem do Evangelho chamada “A transfiguração” (que pode ser lida em Mt 17: 1-8). Jesus estava a caminho de Jerusalém, ciente de que lá seria preso e morto. Percebendo o desânimo dos seus discípulos, que não compreendiam o que iria acontecer com Ele, Jesus chama Pedro, Tiago e João e vai com eles a uma montanha, um lugar retirado, próprio para quem quer rezar – ou seja, conversar com Deus.

Lá chegando, de repente, Jesus se transfigura diante dos companheiros: seu rosto brilha como o sol, sua roupa fica branca como a luz. Ele é revestido de glória, de majestade, antecipando sua vitória sobre a morte, que virá com a Ressurreição. Ao mesmo tempo, duas pessoas da história da salvação aparecem conversando com Jesus: Moisés (o libertador) e Elias (o profeta). Eles representam a Lei, os profetas e as Escrituras.

Pedro, Tiago e João, apesar do susto inicial, experimentam ali um pedacinho do céu na terra. Pedro, cheio de entusiasmo, se oferece para erguer três tendas para acomodar Jesus, Moisés e Elias, dizendo: "Senhor, é bom estarmos aqui". Ele entende aquele acontecimento como uma festa, um momento maravilhoso que deve durar muito tempo. Ele tem dificuldade de compreender o caminho de seu mestre, pois ainda não tinha clareza do que era a verdadeira "tenda", a verdadeira morada de Deus no meio de nós: o próprio Cristo, que deverá passar necessariamente pela cruz.

No primeiro mistério luminoso refletimos sobre o dia do batismo de Jesus no rio Jordão, quando a voz do Pai diz: "Este é o meu filho muito amado, no qual eu ponho a minha afeição". Na transfiguração, através de uma nuvem que cobre o monte com sua sombra, Deus repete: "Este é o meu Filho amado, em quem me comprazo, ouvi-O sempre!". O medo dos apóstolos é tão grande que eles caem com o rosto no chão. Para eles é difícil entender, naquele momento, quem é Jesus, qual é o significado de Sua missão e de Sua história. Por isso Jesus se aproxima, tocando-os, e lhes diz: "Levantai-vos e não tenhais medo". E o evangelista prossegue: "Erguendo os olhos, não viram a ninguém: Jesus estava sozinho". Em seguida, desceram a montanha.

A gente até entende por que os discípulos estavam tão assustados. Afinal, diante da transfiguração, uma cena tão mágica e misteriosa, era de esperar que aqueles três homens temessem. Pedro, Tiago e João são como se fossem nós. E a melhor atitude, nos momentos que nos parecem incompreensíveis, é pensar como o salmista: "O Senhor é a proteção da minha vida; perante quem eu tremerei?" (Sl 26: 1b). O resto é agir, não se acomodar, descer a montanha para cumprir a missão.

A cena da transfiguração aponta para o nosso destino vitorioso: Jesus nos salva e quer que com Ele nossa vida também seja transfigurada, revestida de glória, de majestade, de luz. E que transfiguremos a vida da Igreja, das outras pessoas, do mundo. Não cumpriremos essa tarefa sozinhos, porém. Assim como fez com os assustados apóstolos, Jesus nos tocará, do mesmo jeito que o amigo faz, pousando a mão em nosso ombro e nos dizendo: "Conte comigo". Se o amor de Deus por nós é tão grande, o que temos a temer?

Voltemos a conversar com a Santíssima Virgem Maria, nossa mãe querida, rezando mais uma dezena do terço neste quarto mistério luminoso, começando com um pai-nosso e depois dez ave-marias. Peçamos a ela que interceda por cada um de nós e que purifique nosso coração pela Palavra para chegarmos à alegria de contemplar a face do Cristo vivo e ressuscitado.

Antes, dediquemos estas palavras especiais a ela:

Mãe da Divina Graça, nós vos pedimos que useis de vosso poder de intercessão infalível junto ao vosso divino Filho para nos obter graças superabundantes, eficazes e até místicas, para bem meditar essa passagem da vida de Nosso Senhor Jesus Cristo, a transfiguração. Sabemos que Ele fez isso com o intuito de fortalecer os apóstolos e dar a eles energia e vigor de alma para os difíceis momentos da Paixão.

Também nós não sabemos o que encontraremos pela frente, quantos anos de vida ainda nos restam. Teremos pela frente dores, aflições, dramas? Não sabemos. Como iremos passar por esses dramas todos? Também não sabemos. Por isso precisamos do vosso apoio, do auxílio de vossa divina graça. Precisamos da figura transfigurada de vosso divino Filho para alimentar a esperança de nossa própria transfiguração no dia de nossa ressurreição. E assim suportar com virtude todas as dificuldades que nos virão pelo futuro. Assim seja!

5. Repartir o pão, repartir a vida

Quinto mistério: a instituição da eucaristia na última ceia

Os estudiosos dizem que a palavra "companheiro", de origem latina (*cum panis*), significa "que partilha o pão". Acho que não há maneira mais bonita de definir a fraternidade: dividir o que se come. Aliás, sempre que queremos comemorar alguma coisa, ou simplesmente estar com as pessoas de que gostamos, qual a primeira ideia que nos vem à cabeça? Fazer um almoço, um jantar, um churrasco ou um café para elas. Já reparou que dificilmente alguém assa um bolo para comer sozinho?

No quinto e último mistério luminoso, é sobre uma refeição entre amigos que vamos refletir. Trata-se da eucaristia, o sacramento instituído por Jesus na última ceia – isto é, jantar – com os apóstolos, pouco antes de ser preso, durante a páscoa dos judeus. Partilhando o pão, Ele deixou o principal presente de sua missão na Terra: a eucaristia é o próprio Deus se repartindo na doação de Seu Filho a nós. O evangelista descreve assim aquele instante: "Enquanto comiam, Jesus tomou um pão e, tendo abençoado, partiu e, distribuindo aos discípulos, disse: 'Tomai e comei, isto é o meu corpo'. Depois, tomou um cálice, agradeceu e, dando graças, deu-lhos dizendo: 'Bebei dele todos, pois isto é o meu sangue, o sangue da Aliança, que é derramado por muitos para remissão dos pecados'" (Mt 26: 26-29). E termina assim: "Façam isso para celebrar a minha memória".

Aqui está a grande novidade: Jesus, o Filho de Deus, Se oferece a Si mesmo. Ele não disse que o pão simboliza a Sua carne, mas que ele é verdadeiramente a Sua carne. Não disse também que o vinho representa o Seu sangue, mas que é verdadeiramente o Seu sangue.

Por meio das palavras de Jesus acontece, diariamente, um milagre: o mistério da transubstanciação, celebrado em todas as missas no instante da consagração. O pão e o vinho são transformados, por intermédio do sacerdote e pela ação do Espírito Santo, no corpo e no sangue, na alma e na divindade de nosso Salvador. Jesus está presente na hóstia consagrada, sempre disponível para saciar a fome espiritual, acolher as súplicas e ouvir as preces de todos aqueles que buscam humildemente o Seu auxílio.

Mas Ele diz mais: "Eu sou o pão da vida: aquele que vem a mim não terá fome, e aquele que crê em mim jamais terá sede" (Jo 6: 35). Pão da vida, pão a ser repartido, Ele nos chama a fazer o mesmo: repartir-nos com os outros. Com a eucaristia, tal qual na última ceia, aprendemos que o pão material deve ser partilhado com todos. Precisamos reaprender com as primeiras comunidades cristãs, em que "a multidão dos fiéis era um só coração e uma só alma" (At 4: 32). Quem recebe o Cristo na eucaristia participa da grande ceia dessa imensa família chamada Igreja e tem o dever de compartilhar o pão, de ser companheiro, de se doar, de praticar a solidariedade, de superar as divisões, as desigualdades, as exclusões. E de fazer de sua existência uma ação de graças.

Quando organizamos uma refeição para celebrar algo, sempre preparamos o ambiente para receber as visitas: escolhemos a melhor louça, a melhor toalha, os melhores talheres, e deixamos tudo limpo e bem arranjado. Mesmo na casa mais humilde procura-se oferecer o que há de melhor nela. Assim, na missa, quando comungamos o corpo e o sangue de Cristo, nós nos transformamos em verdadeiros sacrários. Por isso, é muito importante preparar nosso coração para nele Jesus fazer morada. Esse é o papel do sacramento da confissão: limpar nosso espírito para acolher o Cristo eucarístico. Ao nos absolver de nossos pecados, o padre realiza uma verdadeira "faxina" em nosso coração.

Visite a igreja mais próxima de sua casa, ou aquela que mais aprecia, para contemplar o primeiro sacrário que Jesus habitou durante nove meses: Maria. Ela é modelo de santidade e de espiritualidade eucarística, e está tão ligada a esse sacramento que mereceu do beato João Paulo II o título de "mulher eucarística". Diz o papa que "Maria é a mulher eucarística com toda a sua vida". Ela recorda a cada um de nós o mandato de Jesus: "Fazei isso em memória de mim" - e nos ensina, com seu amor de mãe: "Fazei tudo o que Ele vos disser!".

Retomando o rosário, rezemos a ela, pois, um pai-nosso e dez ave-marias, pedindo-lhe que nos ajude a viver e a participar com muito amor e respeito do sacramento da eucaristia. Antes, oremos:

Ó Maria Santíssima, Vós que sois a mais excelente devota do Santíssimo Sacramento, ardente de amor a Deus em vosso imaculado coração, nos convidando a sermos devotíssimos da eucaristia, suplicamos que aceiteis esta meditação em desagravo ao vosso sapiencial e imaculado coração. Concedei-nos graças sobre graças na linha de compreendermos bem o tesouro que possuímos, o mais belo, o mais essencialmente alto sacramento, e dai-nos um ardor extraordinário pela eucaristia tal como vós tivestes. Nossa Mãe, aqui estamos para que nos transformeis em ardorosos adoradores da eucaristia! Assim seja!

INR

III

Aprender com o Sofrimento: Mistérios Dolorosos

1. "Pai, afasta de mim este cálice"

Primeiro mistério: a agonia de Jesus no Horto das Oliveiras

Ninguém gosta de falar em sofrimento. Nas propagandas da TV todo mundo parece feliz, sem problemas, não é? Basta ver um anúncio de margarina. Nas novelas, apesar de todas as dificuldades, tudo sempre acaba bem. Mas sabemos que a vida não é assim. Ela tem altos e baixos, imprevistos, contratempos, dissabores entre momentos de alegria, realização e prazer. A felicidade não é algo que aconteça da noite para o dia, mas uma conquista que também exige esforço e, muitas vezes, sofrimento. A gente vive melhor quando aprende a sofrer. Essa é a mensagem que os mistérios dolorosos do santo rosário nos ensinam.

Eles nos fazem refletir sobre a Paixão de Jesus Cristo em Jerusalém. "Paixão", em seu sentido original, significa exatamente "sofrimento". Essa parte dos Evangelhos trata dos dias em que o Filho de Deus padeceu até morrer na cruz, deixando para nós o presente da Salvação e o sacramento do amor: a eucaristia. Mas Cristo teve medo. Sim, Ele temeu o sofrimento, como todos nós. Tanto que chegou a suar sangue. Mesmo sendo Deus, Sua porção humana pede ao Pai, em oração, no Monte das Oliveiras, que O poupe daquela agonia, se essa for a vontade d'Ele: "*Abba!* Ó Pai! A Ti tudo é possível: afasta de mim este cálice: porém, não o que Eu quero, mas o que Tu queres" (Mc 14: 36). Os quatro evangelistas descrevem a Paixão de Cristo, mas você pode recordá-la especialmente em Lc 22: 39-46. Que tal relê-la agora, em seu exemplar da *Bíblia*?

Nessa passagem, Jesus acabara de instituir a eucaristia com seus discípulos, na última ceia. Eles saem do cenáculo em direção ao vale do Cedron, todos em silêncio, e chegam ao Getsêmani – palavra que significa "lagar de azeite" –, ao pé do Monte das Oliveiras. O silêncio, a tristeza e a angústia dominavam o ambiente. Foram as horas mais difíceis da vida de Jesus na terra. Os discípulos estavam assustados, mas Ele disse a oito de seus companheiros que ficassem no Getsêmani: "Ficai aqui, disse, enquanto vou ao meu lugar rezar". Tomando consigo Pedro, João e Tiago, subiu para o Horto das Oliveiras. João Lhe pergunta como Ele podia estar tão abatido quando sempre os tinha consolado. Jesus responde: "Minha alma está triste até a morte". Mas não se deixa vencer pela profunda angústia, e por isso pede aos discípulos: "Ficai aqui e vigiai comigo; orai, para não serdes surpreendidos pela tentação".

Veja que, também como nós, Jesus pede o apoio dos amigos. É assim que fazemos nos momentos de desespero, não é? Mas, também humanos, Pedro, João e Tiago adormecem, cedem ao cansaço, "esquecendo" o sofrimento de seu mestre e amigo. Quantas vezes também não acabamos como Jesus, esquecidos dos amigos, que desaparecem nos momentos difíceis, em que mais precisamos deles?

Jesus, porém, sofrendo no Horto das Oliveiras as agonias da morte, mostra uma força que vem do alto – "E, estando em agonia, orava mais intensamente", diz São Lucas (Lc 22: 44). Ele confia no Pai, que O sustenta em todos os Seus sofrimentos e tribulações: estes eram o preço de Sua missão. Eis aqui uma lição para nós, para nossa caminhada cristã. Depositemos realmente toda a confiança em Deus. É o que diz São Paulo na carta aos hebreus: "É Ele que, nos dias de sua vida terrestre, apresentou pedidos e súplicas, com veemente clamor e lágrimas, àquele que O podia salvar da morte; e foi atendido por causa da sua submissão" (Hb 5: 7). E o apóstolo Tiago, em sua carta, ensina: "Alguém de vós está sofrendo? Recorra à oração" (Tg 5: 13). Precisamos confiar em Deus incondicionalmente, em qualquer situação que seja, pois confiar significa crer que Ele está sempre próximo de nós, que nunca nos desampara. Há vários textos bíblicos nos ensinando isso: "Regozijai-vos na esperança, sede pacientes na tribulação, na oração perseverantes" (Rm 12: 12); "Perseverai na oração, vigiando com ações de graça" (Cl 4: 2); "Com toda a oração e súplica, orando em todo tempo no Espírito, e para isto vigiando com toda a perseverança..." (Ef 6: 18).

Jesus, fazendo a vontade do Pai, nos ensina que só venceremos o pecado e conquistaremos a paz espiritual se colocarmos nossas vontades em segundo plano, realizando a de Deus primeiro. O mesmo Cristo diz: "O meu alimento é fazer a vontade daquele que me enviou e realizar plenamente a sua obra" (Lc 4: 34).

Voltemos à oração do terço, rezando um pai-nosso e dez ave-marias, pedindo a presença e a intercessão de Nossa Senhora das Dores, que pelo mistério da agonia de Jesus no Horto das Oliveiras nos conceda imitar os exemplos de seu Filho, que mesmo nas horas de sofrimento confiou no Pai e fez a vontade d'Ele para salvar toda a humanidade. Eis aqui uma oração inicial:

Ó Virgem Santíssima, vós que fostes a companheira de Jesus à distância, no Horto das Oliveiras. Vós que também acompanhastes passo a passo a Paixão e de forma especial esta oração por Ele feita no horto, nós terminamos esta meditação oferecendo-a em desagravo ao vosso sapiencial e imaculado coração por todas as faltas, por todos os crimes, por todos os horrores que se cometem no mundo hoje, outrora e até o fim dos tempos. E vos pedimos, ó mãe, que nos deis sempre graças sobre graças para vivermos dentro desta perspectiva de quanto nos são necessários os sofrimentos, e quanto causamos dores a Nosso Senhor. Dai-nos, ó mãe, a graça de confiar na bondade d'Ele, na misericórdia d'Ele, que também é a vossa bondade, a vossa misericórdia, para o perdão de todas as nossas faltas. E dai-nos a convicção de que, uma vez arrependidos e pedindo perdão, todas as nossas faltas nos sejam perdoadas. Assim seja!

2. Reconhecer em cada pessoa que sofre o próprio Cristo

Segundo mistério: a flagelação de Jesus

Entre o final e o começo de cada ano, no Brasil, sempre ouvimos falar dos "flagelados das enchentes", isto é, aqueles que perderam roupas, móveis, objetos, animais de estimação, suas próprias casas e, principalmente, pessoas queridas. Famílias inteiras desaparecem sob as águas torrenciais das chuvas. Enquanto as autoridades não se mobilizam para acabar com esse problema de vez, protegendo as populações mais frágeis das calamidades naturais, é bonito ver tanta gente se mobilizando para enviar ou angariar donativos ou ajudando pessoalmente no salvamento e acomodação dos desabrigados – ainda que haja perdas irrecuperáveis, como é o caso das vidas esmagadas por deslizamentos de terra e desmoronamentos de habitações.

"Flagelo" é um tipo de chicote, usado ao longo dos séculos como instrumento de tortura ou punição. Os flagelados, portanto, são os torturados, os punidos, os castigados por alguma catástrofe – como terremotos, erupção de vulcões, tsunamis, secas e, claro, enchentes. Jesus também foi um flagelado, em dois sentidos. No sentido literal, sofreu a flagelação como castigo determinado por Pôncio Pilatos, o governador da Palestina – região que, naquela época, estava anexada ao império romano. No sentido figurado, foi torturado pela traição, pelo abandono, pela incompreensão, pelo ódio, pela inveja. Se você se lembra da Paixão, certamente deve se recordar de que, depois da dolorosa agonia no Horto das Oliveiras, em que Cristo pede ao Pai que afaste aquele cálice de sofrimento, Ele é procurado por Judas Iscariotes, Seu apóstolo, que prometera aos sacerdotes entregar o Messias em troca de trinta moedas de prata (preço que se pagava pela vida de um escravo, naquele tempo). Diz o Evangelho de São Marcos: "O seu traidor dera-lhes uma senha, dizendo: 'É aquele que eu beijar. Prendei-o e levai-o bem guardado'. Tão logo chegou, aproximando-se d'Ele, disse: 'Rabi!'. E o beijou" (Mc 14: 44-45).

Dói como uma açoitada a traição de um amigo, não? O oposto de traição é lealdade. E lealdade só é possível numa relação de confiança. Então, mais uma vez, nos vemos na pele de Cristo, que confiava no discípulo, no companheiro que Ele escolheu para sua missão, mas que não hesitou em traí-Lo por um punhado de moedas. Para Judas, o dinheiro falou mais alto que a amizade, a lealdade, a confiança. Isso é o que mais dói. O dinheiro pode ser gasto ou perdido. Pode até aumentar e render mais, porém ele não compra amigos leais, muito menos confiáveis. Quantos ricos e famosos se viram sós, depois que a riqueza e a fama se foram?

Mas o sofrimento de Jesus vai muito além da traição de Judas: ao ser preso, Seus discípulos fogem, se dispersam, se escondem, abandonam o mestre. Pedro O nega três vezes: "Não conheço o homem!" (Mt 26: 73). É famosa essa passagem, porque o próprio Cristo a predissera: "Em verdade te digo que esta noite, antes que o galo cante, Me negarás três vezes" (Mt 26: 34). De novo nos identificamos com Jesus, pois também nos vemos assim, abandonados, quando, nos momentos em que mais precisamos de apoio, os amigos ou até familiares simplesmente desaparecem de nossa vida. Mas é certo também que abandonamos Jesus todas as vezes em que não cumprimos nosso dever como cristãos, todas as vezes em que ocultamos ou desprezamos nossa fé ou quando faltamos com a caridade, com o amor, com a justiça.

A agonia de Cristo prossegue quando, depois de preso, Ele é levado a Caifás, o Sumo Sacerdote, líder máximo da religião judaica e um dos principais membros do Sinédrio – espécie de tribunal religioso onde Jesus é interrogado. O interrogatório é tenso e, numa das poucas vezes em que fala, Jesus é esbofeteado. Caifás e os juízes declaram Jesus culpado por reafirmar diante deles que é o Filho de Deus: "O Sumo Sacerdote, então, rasgando as suas túnicas, disse: 'Que necessidade temos ainda de testemunhas?

Ouvistes a blasfêmia. Que vos parece?'. E todos julgaram-no réu de morte" (Mc 14: 63-65).

Como era Páscoa, e a lei os impedia de matá-Lo, Jesus é levado a Pôncio Pilatos sob a acusação de que Ele se dizia "rei dos judeus" – o que era um crime político, de subversão, já que só o imperador de Roma podia ser rei dos judeus. O governador romano O interroga, mas não encontra nenhum motivo para executá-Lo. Os judeus, porém, insistem: "Crucifica-O!". Pilatos tenta conter a ira da multidão, dizendo que, como era costume naquela época do ano, soltaria um prisioneiro: "'Quereis que eu vos solte o rei dos judeus?'. Então gritaram todos novamente, dizendo: 'Não este, mas Barrabás!'. Barrabás era um bandido. Pilatos, então, tomou Jesus e O mandou flagelar" (Jo 18: 39-40; 19: 1).

Jesus é submetido a cruel e abominável tortura, que incluía espancamentos e coroa de espinhos, além da flagelação que lhe dilacerou a pele. Maria, a mãe das dores, está ali perto, com as mulheres piedosas, assistindo ao terrível sofrimento do Filho. Aquele mesmo que gestara em seu ventre e que amamentara. Aquele que embalara no colo, na fuga para o Egito com São José, protegendo o sagrado bebê da perseguição de Herodes, que naqueles dias decretara a morte de todas as crianças com até dois anos de vida. Aquele cujos primeiros passos sustentou, cujas primeiras palavras ensinou. Em nenhum momento, porém, Maria se desespera. Ela mantém o silêncio e a oração, aceitando a missão que se cumpria: a redenção da humanidade pelo sangue de seu único Filho. Isso não quer dizer passividade ou acomodação. Maria não se acovarda. Sabe que não pode fazer nada, mas não se ausenta: acompanha tudo de perto, nunca abandona Jesus.

Penso agora no sofrimento de muitos que acompanham, às vezes também sem poder fazer nada, o sofrimento de amigos, familiares ou colegas que padecem o drama de vícios que não conseguem superar ou alguma enfermidade grave – e o máximo que esses doentes pedem é uma companhia, um ombro, alguém que possa consolá-los. Cada ser que sofre é o próprio Cristo sofrendo. Se todos percebessem essa verdade, com certeza haveria menos padecimento no mundo. Isso me faz lembrar uma experiência pessoal, quando um paroquiano foi internado no Hospital de Câncer de Barretos (SP). Acompanhei de perto o sofrimento da família e sei quanto isso pode doer.

Até aquele dia nunca havia ido a esse famoso hospital, referência nacional no tratamento da tão temida doença. Mas chegou o dia em que Deus me convocou para o encontro com esse irmão enfermo, que precisava de oração, de uma palavra de esperança e conforto. Chegando ao hospital, fiquei impressionado com o tamanho do prédio, com a quantidade de pessoas buscando a cura e sobretudo com o grande número dos que necessitam de um ombro amigo para chorar, ouvir que Deus os ama e não os abandona em momento algum. Vendo aquelas pessoas carentes, mas ao mesmo tempo esperançosas de cura, de voltar para a família e o trabalho, de começar uma vida nova, pude aprender, nas poucas horas em que estive lá, a valorizar as coisas mais simples. É na flagelação que vemos um Jesus que sofre conosco e que nos assegura sua compaixão e auxílio. É esse Cristo flagelado que nos dá forças para enfrentar as adversidades da vida sem fraquejar. Ele, o Filho de Deus, absolutamente inocente, conheceu em sua própria carne o sofrimento, tal como muitos de nós que, padecendo, se perguntam: o que eu fiz para merecer isso? Muitas vezes não entendemos o sofrimento, a dor, a doença pela qual passamos. Se, porém, temos fé, esperança e humildade, mais tarde compreenderemos. Aí está a experiência de Jesus: nem o povo nem mesmo Seus discípulos entenderam o porquê de tamanha dor. Mais tarde, porém, viram que Jesus padeceu a crucificação e a morte para se tornar fonte de salvação, vida e ressurreição para todos.

Peçamos a Nossa Senhora das Dores que, ouvindo este pai-nosso e estas dez ave-marias, nos ajude a amadurecer e a enfrentar todas as enfermidades, sejam elas corporais ou espirituais, tal como ela enfrentou a Paixão de Cristo. Rezemos:

Ó sapiencial e imaculado coração de Maria, que tão pleno estais de graças e que atendeis, de forma tão maternal, a todos aqueles que recorrem a vós. Ao encerrarmos esta meditação, nós vos pedimos, ó mãe, que intercedais por nós junto a Jesus, atado a uma coluna, no momento em que Ele está sofrendo dores físicas por nossos pecados, e pedimos que vos aproximeis d'Ele e obtenhais para nós graças eficazes, superabundantes e profundas para podermos compreender o quanto estamos, nesta vida, postos na via do sofrimento e da dor, e ter com isso a resignação que Ele teve ao sofrer. Que conheçamos a fundo a maneira completamente pecaminosa com que Ele foi julgado e flagelado, e façamos assim uma aproximação com a nossa vida e compreendamos o quanto nós também participamos dessa flagelação, quando não correspondemos inteiramente à prática da virtude. Nós vos pedimos que obtenhais de vosso divino Filho flagelado essa graça especialíssima de compreendermos a gravidade de nossos pecados e o quanto eles contribuem para os sofrimentos de Jesus nesse passo da Paixão. Assim seja!

3. *Os espinhos da vida*

Terceiro mistério: Jesus é coroado de espinhos

Não adianta acreditar que atravessaremos a vida como se fosse um mar de rosas. Toda rosa tem espinhos, não é mesmo? Por isso as reflexões que a oração do rosário nos propõe são sábias: em nossas vidas, há incontáveis momentos de gozo e luz, mas há também vários instantes dolorosos. É claro que Deus quer nosso bem e não nosso sofrimento, mas, se as dificuldades de todo tipo fazem parte da nossa existência, é lúcido aprender a lidar com elas. Não custa repetir que a dor também nos faz humanos. E quanto mais humanos, mais divinos, pois a humanidade é a mais bela, a mais perfeita e a mais preciosa criação de Deus.

Jesus não foi poupado da miséria humana: Ele conheceu não só toda sorte de violência psicológica e moral, alimentada pelo ódio e pela incompreensão, como também as aberrações da violência física. Já lembramos, no capítulo anterior, o terrível ritual de tortura que foi Sua flagelação. Agora, neste mistério, contemplamos a coroação de espinhos.

Trata-se de uma dupla crueldade, sem contar que Cristo encontrava-se completamente indefeso, entregue às sevícias dos soldados romanos. Ser coroado com espinhos significa ter o couro cabeludo rasgado por essas afiadas pontas, comuns em tantas plantas. Não é difícil imaginar quanto isso pode ser doloroso. A outra crueldade dessa tortura é simbólica. A coroa é um símbolo do poder de reis e imperadores. Por isso as coroas são feitas de ouro, cravejadas de pedras preciosas e forradas com veludo. Ao coroar Cristo com espinhos, os soldados queriam dizer que Ele é um rei falso, uma pessoa indigna que se atreve a se igualar a soberanos que governam nações. Por isso, só poderia ser coroado com galhos trançados de espinheira, para que fosse ao mesmo tempo castigado e humilhado.

A humilhação não parou aí. Quando são coroados, os soberanos recebem também uma capa vermelha, feita de veludo ou outro tecido nobre, e um cetro – espécie de cajado ou vara, em geral de prata ou ouro. Os soldados de Pilatos colocaram um manto vermelho sobre os ombros de Jesus e uma cana em Sua mão direita e, ajoelhando-se diante d'Ele, zombavam dizendo: "Salve, rei dos judeus!". E completa São Mateus, no Evangelho: "E cuspindo em Seu rosto, pegavam a cana e batiam com ela em Sua cabeça. Depois de terem zombado d'Ele, tiraram-Lhe a cana e puseram-Lhe Suas vestes e levaram-No para ser crucificado" (Mt 27: 30-31).

Os soldados não sabiam, mas naquele momento estavam mesmo coroando um rei – o Rei dos Reis, o que veio salvar, reconciliar, curar, perdoar, consolar, saciar, confortar com o amor, com a esperança, com a Palavra de Deus. Jesus é o Rei que "não veio para ser servido, mas para servir" (Mt 20: 28), Aquele que veio "para que todos tenham vida, e a tenham em abundância" (Jo 10: 10).

Peço a você que, pensando no que foi dito acima, leia com atenção o texto a seguir, uma bela reflexão que nos ajuda a compreender e suportar os sofrimentos:

Agradecendo os espinhos

Era véspera do Dia de Ação de Graças. Sandra sentia-se muito infeliz quando entrou na floricultura. Tinha perdido seu filho num acidente de carro quando estava grávida. Seu marido estava na iminência de ser transferido. Sua irmã cancelara a visita que lhe faria no feriado... "Ação de Graças? Agradecer o quê?" – pensou.

A balconista perguntou-lhe:

– Quer um arranjo tradicional ou gostaria de levar meu arranjo especial?

– Eu não tenho nada que agradecer!

– Pois tenho o arranjo perfeito para você. Este é o arranjo especial. Chamo-o de Buquê de Espinhos de Ação de Graças – explicou a balconista.

– Mas o que a levou a criar o buquê de espinhos? – perguntou Sandra.

– Eu aprendi a ser grata pelos espinhos... Sempre agradeci a Deus pelas boas coisas. Mas quando vieram coisas ruins, eu chorei e gritei! Demorei para aprender que tempos difíceis são importantes para a nossa fé e nosso fortalecimento e para aprender a valorizar a vida e seus bons momentos.

Sandra comentou:

– Perdi meu bebê e estou zangada com Deus...

Nesse momento entrou um homem na loja, que também viera buscar um arranjo de talos espinhosos para sua esposa.

– Por que ela quer um buquê desse tipo? – perguntou Sandra, incrédula.

– Eu e minha esposa quase nos divorciamos. Enfrentamos muitos problemas, mas salvamos nosso casamento. O arranjo especial nos lembra dos tempos "espinhosos" porque eles nos ensinaram muito!

– Não sei se posso ser grata pelos espinhos em minha vida. É tudo tão recente...

A balconista respondeu, carinhosamente:

– Minha experiência me mostrou que os espinhos tornam as rosas mais preciosas.

Lágrimas rolaram pela face de Sandra.

– Levarei uma dúzia destes caules longos e cheios de espinhos, por favor. Quanto lhe devo?

– Nada. Nada além da promessa de que permitirá que Deus cure seu coração. O primeiro arranjo é sempre por minha conta.

A balconista sorriu e passou um cartão a Sandra.

– Colocarei este cartão em seu arranjo, mas talvez você queira lê-lo primeiro.

E Sandra leu: "Meu Deus, eu nunca agradeci por meus espinhos. Eu agradeci mil vezes por minhas rosas, mas nunca por meus espinhos. Ensine-me o valor de meus espinhos. Mostre-me que, através de minhas lágrimas, as cores do Seu arco-íris são muito mais brilhantes".

Rezemos, pois, um pai-nosso e dez ave-marias agradecendo a Deus os espinhos de nossa vida, esses mesmos que nos fazem crescer e amadurecer. O próprio Cristo disse aos seus discípulos: "Se o grão de trigo, caindo na terra, não morrer, fica só, mas se morrer, dá muito fruto" (Jo 12: 24). Que Nossa Senhora das Dores passe à frente de todos os nossos sofrimentos e nos ensine o caminho para superar as dificuldades e dar bons frutos, confiando sempre em Deus! Rezemos:

Ó Virgem Santíssima, mãe protetora dos aflitos, refúgio e libertadora dos sofredores, ouvi, ó mãe, os meus rogos e aliviai a minha dor. Rogo-vos, pois, pela misericórdia de vosso Santíssimo Filho e pela agonia que Jesus mesmo teve quando orou ao eterno Pai no Monte das Oliveiras, pelas duras cordas com que O prenderam, pelos cruéis flagelos com que O açoitaram, pelos rigorosos espinhos com que O coroaram e pelas lágrimas e suor do sangue que derramou. Assim seja!

4. Nosso calvário de cada dia

Quarto mistério: Jesus a caminho do Calvário, levando a cruz às costas

É muito comum ouvirmos que alguém está passando por "um verdadeiro calvário", referindo-se a contínuos ou sucessivos sofrimentos de certa pessoa. "Calvário" (Gólgota, em aramaico) era uma colina que, na época de Jesus, ficava fora dos muros de Jerusalém. O nome, em latim, significa "caveira" ou "crânio" porque, de longe, essa pequena elevação parecia uma cabeça humana descarnada. Foi nela que as cruzes com Cristo e os dois ladrões foram erguidas. E foi nela que o Salvador, depois da flagelação, da coroação de espinhos e de carregar a própria cruz às costas, agonizou e morreu, bebendo "o cálice da amargura até a última gota".

O longo caminho percorrido por Jesus, desde o primeiro encontro com Pilatos até o Calvário, é chamado *Via Crucis* ("caminho da cruz", em latim) ou Via Sacra ("caminho sagrado"). São catorze – ou quinze, se incluída a Ressurreição – "estações", isto é, momentos que nos apresentam cenas da Paixão de Cristo e de uma história de amor a Deus e entrega total por cada um de nós. Você pode acompanhar cada estação em qualquer igreja, pois em geral elas ficam em quadros dispostos ao longo das paredes laterais dos templos:

1ª Estação: Jesus é condenado à morte
2ª Estação: Jesus carrega a cruz às costas
3ª Estação: Jesus cai pela primeira vez
4ª Estação: Jesus encontra Sua mãe

5ª Estação: Simão Cirineu ajuda Jesus a carregar a cruz
6ª Estação: Verônica limpa o rosto de Jesus
7ª Estação: Jesus cai pela segunda vez
8ª Estação: Jesus encontra as mulheres de Jerusalém
9ª Estação: Terceira queda de Jesus
10ª Estação: Jesus é despojado de suas vestes
11ª Estação: Jesus é pregado na cruz
12ª Estação: Jesus morre na cruz
13ª Estação: Jesus morto nos braços de sua mãe
14ª Estação: Jesus é enterrado

Como se vê, o sofrimento era tanto que Cristo caiu três vezes sob o peso da cruz. Dizem os evangelistas que foi necessária a ajuda de um homem, Simão de Cirene (ou Cirineu), para que Ele prosseguisse o caminho. Embora a ajuda não tivesse sido pedida por Cristo, mas imposta pelos soldados, a imagem é bonita e também é comum em nossa fala: ajudar a carregar a cruz. Parece-me o símbolo mais poético da solidariedade cristã: suavizar o sofrimento de alguém, mesmo que esse alguém seja um desconhecido – como era o caso de Simão, que não sabia quem era Jesus.

De novo, porém, os Evangelhos advertem sobre o sofrimento que a vida nos reserva, o calvário de cada um. O próprio Jesus avisa: "Se alguém quer Me seguir, renuncie a si mesmo, tome a sua cruz e Me siga. Pois aquele que pretender salvar a sua vida, há de perdê-la; e quem perder sua vida por amor a Mim, há de encontrá-la" (Mt 16: 25). Ele nunca disse aos discípulos que seria fácil segui-Lo. A cruz, meu irmão e minha irmã, é a condição indispensável para ser discípulo de Jesus. Quem não carregar a sua não pode ter Jesus como Mestre e Senhor. Aceitar a cruz em nossa vida é realmente acolher a palavra e a vontade de Deus, sempre contando com Jesus ao nosso lado, nos ajudando a carregá-la até o alto do Calvário, ou seja, até o fim da nossa vida terrena. Ele mesmo diz: "E eis que Eu estou convosco todos os dias até a consumação dos séculos!" (Mt 28: 20).

No caminho para o Calvário, porém, um grupo de mulheres O seguia, batendo no peito e se lamentando por Ele. Segundo o costume da época, mulheres distintas de Jerusalém preparavam bebidas sedativas para aliviar a dor dos condenados. Mas foi Jesus quem as consolou, embora com uma advertência: "Filhas de Jerusalém, não choreis por Mim; chorai, antes, por vós mesmas e por vossos filhos!" (Lc 23: 28), porque estes sacrificavam um inocente. O que será, então, dos verdadeiros culpados, aos quais Deus estava também muito atento? Palavras duras num momento de profunda dor, pois nem em meio ao sofrimento agudo Jesus deixa de pensar na injustiça...

Estamos rezando o terço, conversando com Maria. Por isso dói pensar quanto o caminho do Calvário foi duro para ela. Discreta, silenciosa, Maria sempre permaneceu despercebida em todos os momentos da vida pública de Jesus: na hora dos milagres, das curas, das pregações em lugares diversos. Agora, porém, chega a maior provação de sua existência, quando seu próprio Filho amado torna-se vítima da maldade humana. Maria esteve com Jesus até as últimas horas de Sua vida terrena. Nossa Senhora das Dores, na *Via Crucis*, encontra-se com o Senhor dos Passos, num momento de ternura e compaixão em que não podiam se falar, mas apenas se olhar, poucas horas antes de receber em seu colo o corpo do Filho morto.

Peço a Nossa Senhora das Dores que nos ensine que nos momentos de crises, provações e angústias podemos nos unir à cruz de seu Filho. Se você, mãe, passa pela mesma experiência de dor que Maria viveu, sofrendo por causa de seu filho, vítima das drogas, do alcoolismo, da agressão, da discriminação por causa da raça ou da fé, está desaparecido, preso, injustiçado ou enfermo, deixe que Nossa Senhora enxugue suas lágrimas e peça a ela sua maternal intercessão e proteção, confortando-a e consolando-a. Sobretudo, que ela a ensine a esperar no Senhor mesmo na hora de dor e agonia.

Acompanhando os passos de Jesus, vemos que Ele chega finalmente ao lugar do suplício: o morro da Caveira. É despido e deitado no lenho. O martelo sobe e desce nas mãos dos algozes, enfiando os cravos nos pulsos e nos pés do Filho de Deus. A cruz é erguida... Três cravos sustentam o corpo pregado ao madeiro. As cãibras lhe retorcem os membros. O corpo todo é uma só chaga... Três horas de agonia, do meio-dia às três da tarde! Até que Ele suspira e entrega o espírito ao Pai.

Aí está, meu irmão e minha irmã, quanto Jesus nos ama, quanto cada um de nós vale para Ele. Valemos a vida de um Deus! Como é possível não amar Jesus? Desconhecê-Lo? Não ter fé? E, tendo fé, não viver como cristão?

Peçamos a Nossa Senhora das Dores sua maternal intercessão rezando um pai-nosso e dez ave-marias para que nos instantes de dor possamos suportar o peso de nossa cruz. A cruz só se torna mais leve quando aceitamos carregá-la com amor a Deus. Santo Agostinho tem uma frase que nos ensina bem tudo isso: "Quando se ama não se sofre, e se sofre, ama-se o sofrimento". Rezemos:

Ó Virgem dolorosa, nós sabemos que juntamente com vosso divino Filho sofrestes as dores da Paixão. Vós sofrestes como mãe, quase que na própria carne – porque mais dói a dor da alma do que a do próprio corpo. No caminho do Calvário, vós encontrastes Jesus quando Ele carregava a cruz às costas. Ó mãe santíssima, nós vos pedimos graças abundantes, graças eficazes, graças até místicas para bem realizar esta meditação, e que ela de fato possa, de alguma forma, reparar o vosso sapiencial e imaculado coração por tantos crimes, tantos horrores e tantos pecados que ocasionaram a Paixão de vosso divino Filho. Hoje, ao considerardes esses crimes, blasfêmias e pecados, que vos recordeis das dores de Jesus e das vossas dores em união com Ele. Que essas dores penetrem em nossos corações e que os tornem cheios de arrependimento por nossas faltas, cheios de mágoa e ao mesmo tempo cheios de desejo de emenda para este mundo tão pecador. Doce coração de Maria, aceitai esta humilde meditação como emenda para nós e reparação ao vosso sapiencial e imaculado coração. Amém.

5. *Amar até o fim*

Quinto mistério: a crucificação e morte de Jesus

Na Paixão de Cristo há uma passagem muito bonita que, ao que me parece, passa despercebida à maioria dos leitores. Ela está no Evangelho de São João, no primeiro versículo do capítulo 13, que diz o seguinte: "Ora, antes da festa da Páscoa, sabendo Jesus que já era chegada a Sua hora de passar deste mundo para o Pai, como havia amado os Seus, que estavam no mundo, amou-os até o fim".

Amou-os até o fim. Essas palavras dão o que pensar. Nem a humilhação, nem a traição, nem o abandono, nem o sofrimento extremo a que Ele foi submetido foram capazes de vencer Seu amor incondicional por nós. Muito pelo contrário: o longo e doloroso caminho que começa com a agonia no Horto das Oliveiras e termina no Calvário nos ensina o tempo todo que nada pode vencer um amor tão grande.

Jesus não nos pede nem espera tanto de nós. Não precisamos de cruzes mais pesadas que as que já carregamos nem de chagas mais dolorosas que as que nos ferem ao longo da vida. Mas, sim, Ele nos exige total compromisso com o amor. Compromisso pra valer: como cristãos, temos a obrigação de amar "até o fim" – não só até o término de nossa vida terrena, mas também até as últimas consequências. E amar até as últimas consequências não é algo que se limite à intimidade de nossas relações mais próximas.

Amar esposa ou marido, pais e irmãos, filhos e netos, parentes e amigos é o mínimo que se espera de todos. Outra coisa é amar a justiça (o que implica combater a injustiça), amar o perdão (e, portanto, saber perdoar), amar a dignidade (e rejeitar a humilhação, sua e do próximo), amar a verdade (e denunciar a mentira), amar a solidariedade (e recusar o egoísmo), amar a caridade (e abominar a ganância), amar a esperança (e vencer o desespero), amar a fé (e superar a descrença), enfim, amar o amor – e odiar o ódio.

O refrão de uma antiga canção cristã, composta pelo padre José Weber, resume bem a essência dessa mensagem que Jesus crucificado nos traz: "Prova de amor maior não há que doar a vida pelo irmão". E essa doação está bem ao nosso alcance, mais do que imaginamos: desde o menor gesto de respeito, de carinho, de afeto, de ternura até o empenho em atividades da paróquia, dedicando parte do tempo à ajuda aos mais necessitados, ou então a iniciativas para melhorar a vida em seu bairro (creche, linhas de ônibus, pavimentação, saneamento, posto de saúde, quadras de esporte, espaços públicos de lazer etc.). Doar a vida pelo irmão é isto: preocupar-se com o bem comum, lutar pelo que beneficia não só um, mas todos, indistintamente.

O evangelista São João afirma em sua primeira carta que "todo aquele que ama nasceu de Deus e conhece a Deus" (I Jo: 4, 7). Quer dizer, o amor não só vem de Deus como conduz a Ele: quem ama o próximo logo proclama que veio de Deus – e está em comunhão com Ele. Portanto, esse doar-se é estar mais perto de Deus. Quanto mais servimos ao próximo, mais junto de Deus estamos. Não foi assim com Cristo, no Calvário?

Disse o beato João Paulo II, na carta apostólica *Novo Millennio Ineunte*, de 6 de janeiro de 2001, que "o grito de dor aparentemente desesperado que Jesus eleva na cruz: '*Eloí, Eloí, lamá sabachthani?*', que quer dizer: 'Meu Deus, meu Deus, porque Me abandonaste?' (Mc 15: 34), [...] não traduz a angústia de um desesperado, mas a oração do Filho que, por amor, oferece a Sua vida ao Pai pela salvação de todos. Enquanto Se identifica com o nosso pecado, 'abandonado' pelo Pai, Ele 'abandona-Se' nas mãos do Pai. Os seus olhos permanecem fixos no Pai. Precisamente pelo conhecimento e experiência que só Ele tem de Deus, mesmo nesse momento de obscuridade Jesus vê claramente a gravidade do pecado e isso mesmo fá-Lo sofrer. Só Ele, que vê o Pai e por isso rejubila plenamente, avalia até o fundo o que significa resistir com o pecado ao seu amor. A paixão é sofrimento atroz na alma, antes de o ser e bem mais intensamente que no corpo" (25-26).

Nosso saudoso papa nos mostra o outro lado da moeda: a recusa ao amor é um sofrimento tão agudo quanto a dor física. Não há pecado maior que a ausência de amor, fonte e causa de todos os vícios, de todas as injustiças, de toda a infelicidade. Quanto mais nos afastamos do amor, mais nos condenamos ao fracasso, à solidão, à desesperança. Foi isso que o Cristo enxergou do alto da cruz, e foi por isso que Ele nos amou até o fim.

Olhemos para a imagem de Maria, a mãe das dores, aquela que caminhou do início ao fim, sacrificando todos os seus sonhos pessoais para se tornar a serva do Senhor, mulher, companheira e mãe; aquela que se fez humilde, guardando tudo em seu coração mesmo quando nada compreendia. Ei-la agora, ao pé da cruz, entre outras mulheres, com o discípulo amado, contemplando o Filho morto. Eis Maria, a mãe de Jesus, símbolo de sofrimento, dor e perda, com uma espada de dor transpassando seu coração, mas que não desiste de confiar e acreditar na presença de Deus em sua vida, em sua história, em seu amor.

Peçamos a Maria, a mãe de Jesus e nossa mãe, rezando um pai-nosso e dez ave-marias, que ela caminhe e permaneça sempre conosco, nos ajudando a carregar nossas cruzes cotidianas e a superar perdas, dores e sofrimentos, assumindo a misericórdia e o amor mesmo entre lágrimas. Rezemos juntos a oração de Nossa Senhora da Agonia:

Ó Maria, rainha dos mártires, Senhora da Agonia, vós que permanecestes de pé junto à cruz de vosso divino Filho Jesus e, às suas palavras "Mulher, eis o teu filho" – "Filho, eis tua Mãe", tornastes-vos nossa mãe, acolhei com bondade nossa prece filial.

Ó Senhora da Agonia, assim como o discípulo acolheu-vos em sua casa, também nós queremos abrir-vos as portas de nossos corações, de nossos lares, consagrando-vos toda a nossa vida: passada, presente e futura.

Exercei, pois, vossa função de mãe, ensinando-nos a viver, em todos os momentos, a vontade de Deus, levando-nos, assim, a imitar o vosso SIM de Nazaré, que culminou com o SIM do Calvário. Vinde, ó mãe, em socorro de nossas angústias, não permitindo que nos desviemos do caminho do bem, da verdade, do amor! Amém.

IV

O Reino da Paz e do Amor: Mistérios Gloriosos

1. "Ele está no meio de nós!"

Primeiro mistério: a Ressurreição de Jesus

Certo dia um eremita – isto é, pessoa de fé que, por penitência, vive isolada de tudo e de todos – saiu pela manhã, em meio às montanhas, em busca da sabedoria de Deus. Caminhando e admirando as maravilhas que o Criador colocou no mundo, ele avistou de longe um homem. Chegando mais perto, notou que o sujeito estava todo suado, empoeirado, quebrando pedras com a marreta que trazia nas mãos. O homem estava com a cara amarrada, visivelmente bravo, mas o eremita não teve medo de perguntar: "O que o senhor está fazendo?". O homem respondeu, irritado: "Não está vendo que estou quebrando pedras? Estou nisto desde manhã cedo. Fui condenado pelo juiz a quebrar pedras para pagar um mal que fiz". O eremita despediu-se e, de cabeça baixa, saiu pensando. Um pouco mais à frente avistou outro homem, também com uma marreta na mão, quebrando pedras. Mas este, a cada golpe, reclamava e dizia palavrões. O eremita lhe perguntou: "O que o senhor está fazendo?". E o homem respondeu: "Você não está vendo? Estou quebrando pedras porque preciso pagar uma dívida para o meu patrão". O eremita se despediu e continuou caminhando e pensando. Por volta do meio-dia, sob um sol muito quente, ele encontrou mais um homem trabalhando com marreta na mão, quebrando pedras, todo suado e empoeirado, mas percebeu que este era diferente dos anteriores, pois estava com as feições tranquilas, cantando. O eremita lhe perguntou: "O que o senhor está fazendo?". O homem colocou a marreta no chão, limpou o rosto e respondeu: "Vamos para a sombra, embaixo daquela árvore?". E assim fizeram. Chegando lá, o homem disse ao peregrino: "Está vendo aquelas duas crianças brincando? São meus filhos. Estou aqui, trabalhando duro, mas não reclamo porque tenho um objetivo. Trabalho para dar alimento, educação e um bom futuro para eles". O eremita olhou para o homem e disse: "Obrigado por me permitir encontrar, por meio do seu testemunho, da sua força e da sua garra, a sabedoria de Deus". E concluiu: "Somente o verdadeiro amor pode transformar o sacrifício em vida".

Essa história, pequena em extensão mas grande em sabedoria, nos remete ao quinto mistério doloroso, o da crucificação e morte de Jesus: para encontrar a glória do Pai e nos conceder a redenção, Ele passou pelo sacrifício da cruz, num gesto de enorme amor pela humanidade. Gesto de mansidão, que venceu a violência, a rivalidade, a discórdia, o egoísmo. O amor de Cristo transformou o sacrifício em vida: Ele ressuscitou e está no meio de nós!

No seu dia a dia essa transformação também se dá, muitas vezes sem que ninguém perceba. Se depois de uma jornada estressante de trabalho, com a cabeça latejando de dor, ao chegar a sua casa você encontra seu filho queimando em febre, o que faz? Imediatamente o leva ao hospital e, se preciso for, lá passará a noite, cuidando daquele que é fruto do seu amor e razão de sua existência. Sua dor de cabeça é "esquecida", você nem a sente mais. Afinal, o amor que você tem pelo seu filho vale qualquer sacrifício, não é? Onde o amor verdadeiro estiver presente, todo sacrifício será transformado em alegria, força, garra, motivação e esperança. Assim é Cristo conosco: Ele não nos deixou desamparados, sem socorro. Pelo contrário, por seu sacrifício de amor permanece e permanecerá o tempo todo ao nosso lado: Ele está no meio de nós!

Após sua morte, Jesus ressuscitou ao terceiro dia, o domingo, que se tornou sagrado para nós, cristãos, sendo o primeiro dia da semana. Jesus sai vivo do sepulcro e escolhe Maria Madalena como primeira testemunha. Diz o Evangelho de São João que ela vai ao sepulcro de madrugada e encontra a pedra que o fechava removida. Ela avisa os apóstolos Pedro e João, que constatam que o túmulo estava vazio, mas não entendem que Cristo ressuscitara. Dois anjos, porém, aparecem para Maria Madalena, que chora à entrada do sepulcro, e lhe dizem: "Mulher, por que choras?". Ela lhes diz: "Levaram o meu Senhor e não sei onde O colocaram!". Dizendo isso, voltou-se e viu Jesus de pé. Mas não sabia que era Ele. Jesus lhe diz: "Mulher, por que choras? A quem procuras?". Pensando ser Ele o jardineiro, ela Lhe diz: "Senhor, se foste tu que levaste, dize-me onde puseste e eu irei buscar!". Diz-lhe Jesus: "Maria!". Voltando-se, ela Lhe diz em hebraico: "Rabbuni!", que quer dizer "Mestre" (Jo 20: 13-16). É como se ela dissesse por toda a humanidade: Ele está no meio de nós!

Em seguida, Jesus aparece aos discípulos, reunidos a portas fechadas por receio da perseguição, e lhes diz: "A paz esteja convosco". Com essas palavras, o Ressuscitado anuncia aos apóstolos que Ele tem a paz que vem do Pai, a paz que se conquista através da luta, do sacrifício, da coragem, da esperança, do amor. Nos quarenta dias seguintes Jesus ainda permanece entre os discípulos, instruindo-os para a missão de anunciar o reino de amor e paz que fará todos os seres humanos Seus discípulos. Por isso, tal como os apóstolos, por meio do batismo somos chamados a testemunhar e a anunciar a força da Ressurreição: Ele está no meio de nós!

E Nossa Senhora? Com certeza não sou o único curioso a respeito, pois não há nenhuma palavra nos evangelhos sobre como teria sido o encontro de Jesus com sua mãe. Que palavras os dois poderiam ter dito um para o outro? Mas será que é preciso dizer? E quem pode garantir que Maria não teria sido a primeira a rever o Filho? De qualquer modo, o que importa é esta grande alegria: Jesus morreu, mas não está morto. Ele é a vida e a vida não termina nunca. A ressurreição de Jesus é a garantia da nossa própria ressurreição para continuarmos a vida por e com Ele. Ele está no meio de nós!

Peçamos, pois, a intercessão de Maria, a Virgem da Ressurreição, aquela que esteve ao pé da cruz, silenciosa, sofrendo, mas que no íntimo de seu coração jamais perdeu a fé em seu Filho e em sua

Ressurreição. Ela nos dá a alegria de celebrar a Vida Nova. Que Maria nos ajude a crescer em nossa fé, na certeza de que Ele está no meio de nós!

Rezemos um pai-nosso e dez ave-marias, pedindo que a Ressurreição do Senhor seja para todos nós fonte de amor, de paz, de esperança, de otimismo e de compromisso com Sua missão. E proclamemos, com muita alegria: Cristo ressuscitou! Ele está no meio de nós! Aleluia! Aleluia!

Antes de retomarmos o terço, porém, eis aqui uma prece especial a Nossa Senhora:

Rainha do Céu, alegrai-vos, aleluia!
Porque vós merecestes trazer Jesus em vosso puríssimo seio, aleluia!
Ele ressuscitou, aleluia!
Rogai a Deus por nós, aleluia!
Exultai e alegrai, ó Virgem Maria, aleluia!
Porque o Senhor ressuscitou verdadeiramente, aleluia!

Ó Deus, que alegrastes o mundo com a Ressurreição de Vosso Filho, Jesus Cristo, Senhor Nosso, suplicamos que nos conceda por sua Mãe, a Virgem Maria, as alegrias da vida eterna. Pelo mesmo Cristo, Nosso Senhor.

Amém.

2. *O Paraíso nos espera*

Segundo mistério: a Ascensão de Jesus aos Céus

Há uma profissão que está desaparecendo: a de ascensorista. Nos prédios mais antigos ele era indispensável porque não havia controles automáticos, como hoje, para acionar o elevador. O ascensorista, portanto, era aquele que ascendia, isto é, que elevava as pessoas do térreo para algum andar ou deste para outro. "Ascensão", pois, é o ato de subir, de elevar alguém ou a si mesmo, de ir para o alto. Acontece que o ascensorista precisa dessa máquina, que é o elevador. Sem ela, só se alcançam os andares pela escada.

A Ascensão de Jesus aos Céus é um mistério de nossa fé: quarenta dias após a Ressurreição, na presença de onze apóstolos (Judas, o traidor, havia se enforcado), Ele subiu milagrosamente, após lhes dizer: "Toda a autoridade foi dada a Mim sobre o céu e sobre a terra. Portanto, vão e façam com que todos os povos se tornem meus discípulos, batizando-os em nome do Pai, e do Filho, e do Espírito Santo, e ensinando-os a observar tudo o que ordenei a vocês. Eis que estarei com vocês todos os dias, até o fim do mundo" (Mt 28: 18-20).

Ele subiu – e deixou o "elevador" com as portas abertas: basta embarcar para o nosso lugar no Paraíso celeste. E não é que Jesus simplesmente fica lá nas alturas, deixando a gente jogada à própria sorte. Não! Ele nos legou Seu exemplo, Sua Palavra, Seu sacrifício e a força do Espírito Santo, que vem pelo batismo, para que a gente não se perca do caminho para o "elevador". Ele se faz presente todos os dias pela eucaristia e pela oração. Ele está ao nosso lado o tempo inteiro, e está também na pessoa do próximo.

O papa Bento XVI nos diz: "O Senhor atrai o olhar dos Apóstolos para o Céu a fim de lhes indicar como percorrer o caminho do bem durante a vida terrena. Contudo, Ele permanece na trama da história humana, está próximo a cada um de nós e guia o nosso caminho cristão, pois o Senhor, abrindo-nos o caminho do Céu, faz-nos saborear já nesta terra a vida divina".

Você é chamado a abrir o seu coração e a deixar que Cristo realmente faça morada em sua vida, pois aquele que é fiel a Deus será também elevado, ou seja, terá a vida em plenitude. Jesus deixou claro: "Eu sou o caminho, a verdade e a vida" (Jo 14: 6). Quem confia e caminha conforme os ensinamentos de Cristo subirá com Ele e encontrará o lugar que lhe foi reservado no Paraíso.

Tal como os apóstolos, que receberam a missão de evangelizar, nós nos tornamos membros da Igreja e filhos amados de Deus pelo batismo – o que significa assumir uma missão. A missão de anunciar a morte e Ressurreição de Cristo e a chegada do reino de Deus por meio da paz, do amor, da solidariedade e da fraternidade. Precisamos ser luz na vida de nossos irmãos, "ser um Cristo no mundo". O saudoso beato João Paulo II, em uma homilia na Ilha da Madeira, disse que "pregar o Evangelho quer dizer dar testemunho de Cristo: d'Aquele que passou fazendo o bem a todos, d'Aquele que foi crucificado pelos pecados do mundo, d'Aquele que ressuscitou e vive para sempre". Porém, ouço muitas pessoas dizerem: "Padre, já vivo a minha missão de cristão: rezo todos os dias, pago o meu dízimo e vou à missa todos os domingos". Então, pergunto: "Você participa de alguma pastoral em sua paróquia? Você visita os enfermos, os idosos, os necessitados como um missionário, pregando a palavra de Deus?". A maioria responde: "Padre, não tenho tempo, trabalho o dia todo, tenho família, filhos...". Não sei o que acontece: quando é para servir a Deus sempre há um compromisso impedindo, ninguém pode, nunca há tempo... No entanto, se for algo do interesse pessoal, então qualquer hora é hora, qualquer dia é dia!

Irmãos, precisamos nos comprometer mais com a missão que assumimos no batismo. Afinal, somos cristãos quando agimos como cristãos, quando fazemos Jesus presente no mundo. Compromisso difícil, porque a todo o tempo o mesmo mundo nos diz para cuidar do próprio sucesso, do próprio prazer, da própria vida. Pois é contra essa corrente que o cristianismo nada, pedindo solidariedade, partilha, entrega, fraternidade, generosidade, desapego. Sei que não é fácil. Temos as nossas limitações, sim, temos as nossas fraquezas e até o medo de falar de Deus, de expressar Seu amor e não sermos compreendidos. Mas se dissermos que acreditamos, que somos cristãos, que temos fé, é necessário confiar nesse Jesus que subiu aos céus e ter a certeza de que a nossa recompensa virá. E ela será eterna. O que são algumas horas semanais de trabalho voluntário na comunidade se nosso "pagamento" é a eternidade junto a Deus?

Peçamos à Virgem Santíssima que nos ajude a assumir realmente a missão que seu Filho nos deixou, e que não fiquemos a olhar somente para o céu, à espera da Salvação, sem perceber a dor e o sofrimento que está ao nosso redor. Que Maria nos ensine a transformar a nossa vida e a vida daqueles que precisam de conforto, de esperança e de amor. Rezemos juntos um pai-nosso e dez ave-marias, na certeza de que Cristo está no céu e também está no meio de nós, e que Seu amor está conosco até o fim dos tempos. Estejamos com o coração aberto e o olhar sempre para a frente, suplicando a Deus e ao Espírito Santo o Paráclito para nos fortalecer e nos dar coragem de assumir sem medo a missão de evangelizadores. Sempre junto com Maria, a nossa intercessora, e com os discípulos aguardemos a força que vem do alto, conforme a promessa de Jesus. Assim seja!

Rezemos a *Oração missionária* a Maria:

Mãe de Deus e nossa mãe, Senhora da Anunciação e da Saudação, vele por nós, molde-nos no seu jeito maternal e evangelizador e abençoe os nossos trabalhos e propósitos. Senhora da Anunciação, que corres ligeira sobre os montes, vela por nós, fica à nossa beira. É bom ter a esperança como companheira. Contigo rezamos ao Senhor: Dá-nos, Senhor, um coração sensível e fraterno, capaz de escutar e de recomeçar. Mantém-nos reunidos, Senhor, à volta do pão e da palavra. Ajuda-nos a discernir os rumos, a seguir nos caminhos sinuosos deste tempo, por Ti semeado e por Ti redimido. Ensina-nos a tornar a Tua Igreja toda missionária, e a fazer de cada paróquia, que é a Igreja a residir no meio das casas dos teus filhos e filhas, uma casa grande, aberta e feliz, átrio de fraternidade, de onde se possa sempre ver o céu, e o céu possa sempre ver a nós. Amém.

3. A sabedoria que vem de Deus

Terceiro mistério: a descida do Espírito Santo sobre os apóstolos (Pentecostes)

Em 2011, acompanhando irmãos de minha paróquia, estive em Madri, na Espanha, para participar da Jornada Mundial da Juventude, que é um encontro entre os jovens e o papa, criado por João Paulo II, que ocorre a cada dois anos, sempre em uma cidade diferente. Eram milhares de pessoas. Havia gente de todo canto do mundo, das mais variadas raças, falando idiomas distintos, com costumes os mais diversos. Nas ruas, nas praças, nos restaurantes, no metrô, nos ônibus os jovens se comunicavam cada um do seu jeito, dançando, cantando, tirando fotos entre eles, trocando lembranças e bandeiras de seus países – tudo com muita alegria e fraternidade. Apesar das diferenças, estavam todos ali unidos por uma única causa: Jesus. Sua mensagem supera todas as fronteiras, todas as discórdias entre povos e nações, todas as variedades de raça e cor, todas as distâncias sociais. Foi então que me dei conta de que presenciava um milagre: um novo Pentecostes...

Essa palavra vem do grego *pentekostē*, que significa "quinquagésimo dia". O Pentecostes era celebrado pelos judeus cinquenta dias depois da Páscoa. No Antigo Testamento, era a comemoração da aliança do povo de Israel com Deus no Monte Sinai, onde Moisés recebeu as tábuas da Lei. Foi naquele momento que os judeus se tornaram o povo eleito. No Pentecostes do Novo Testamento São Lucas narra a descida do Espírito Santo sobre os apóstolos, conforme fora prometido por Jesus. Como era costume, os discípulos, juntamente com Maria, estavam reunidos para a festa. Durante a celebração, porém, "veio do céu um barulho como o sopro de um forte vendaval, e encheu a casa onde eles se encontravam. Apareceram então umas como línguas de fogo que se espalharam e foram pousar sobre cada um deles. Todos ficaram repletos do Espírito Santo, e começaram a falar em outras línguas, conforme o Espírito lhes concedia que falassem" (At 2: 1-4).

Em hebraico, o idioma dos judeus, a palavra para "espírito" é *ruah*, que significa também "sopro" e "vento". A vinda do Espírito Santo, no Novo Testamento, acontece com os mesmos sinais da manifestação de Deus no Monte Sinai: fogo, vento forte, trovões. O vento e o fogo, que são implacáveis e nada temem, representam a ação do Espírito de Deus sobre os apóstolos, pois lhes dá força, coragem, esperança e confiança. É o Espírito de Deus que encoraja os discípulos, até então acuados pelo medo, transformando-os em verdadeiros anunciadores de Jesus até os confins da Terra. Com a vinda do Espírito Santo sobre a comunidade dos apóstolos, reunidos com Maria, a mãe de Jesus, tem início a missão da Igreja no mundo.

Os discípulos deixam o lugar falando línguas que desconheciam, em um sinal de que a Igreja é destinada a todos os povos e nações, sem barreiras. Para a Palavra de Deus e o amor de Cristo ninguém é estrangeiro: todos compreendem e são compreendidos. E a comunidade cristã – que se reúne nas igrejas, nas paróquias, nos encontros de jovens, nos grupos de oração, em uma família que reza o terço – é a forma de viver a mensagem de Jesus e de se deixar conduzir pela sabedoria do Espírito Santo.

Foi o que senti naquela Jornada da Juventude, em Madri. Em meio a tanta gente, de países tão distantes e díspares como Peru e Polônia, Itália e Moçambique, Austrália e Colômbia, eu não me vi como estrangeiro, mas como irmão de todos aqueles que, como eu, têm a felicidade de professar o mesmo batismo, a mesma fé, a mesma esperança em Cristo. Sem dúvida, eu estava presenciando a ação milagrosa do Espírito Santo. E é a Ele que devemos orar sempre, pedindo que nos preencha com seu vento e nos ilumine com seu fogo. Reze da maneira que achar melhor, com as palavras que achar mais adequadas. Se quiser, há esta bela e já muito conhecida prece:

Vinde, Espírito Santo, enchei os corações dos vossos fiéis e acendei neles o fogo do Vosso amor. Enviai o Vosso Espírito e tudo será criado, e renovareis a face da terra. ***Oremos:*** *Deus, que instruístes os corações dos vossos fiéis com a luz do Espírito Santo, fazei que apreciemos retamente todas as coisas, segundo o mesmo Espírito, e gozemos sempre da Sua consolação, por Cristo Senhor Nosso. Amém!*

E, prosseguindo nossa conversa com Maria, rezemos um pai-nosso e dez ave-marias suplicando a sabedoria de Deus, por meio da intercessão de Nossa Senhora de Pentecostes, para que a nossa missão seja a de revelar a mensagem de Jesus que une os irmãos através do perdão, da paz e do amor. Rezemos:

Ó Maria, filha predileta do Pai, mãe santíssima do Nosso Senhor Jesus Salvador, esposa mística do Espírito Santo, Nossa Senhora de Pentecostes, nós nos consagramos ao vosso maternal amor e vos tomamos como modelo perfeito de louvor a Deus, de santidade, de espírito missionário e evangelizador. Vós, que no dia de Pentecostes, junto com os apóstolos, ficastes repleta do inefável dom do Espírito Santo, ajudai-nos, na efusão do mesmo Espírito que recebemos no dia do batismo, a sermos constantemente fiéis ao Senhor. Amém. Nossa Senhora de Pentecostes, rogai por nós que recorremos a Vós!

4. "Com minha mãe estarei!"

Quarto mistério: a Assunção de Maria aos Céus

É muito bonito dedicar um dia às mães: todo segundo domingo de maio nós nos lembramos delas e comemoramos a data com um gostoso almoço em família e o melhor presente que pudermos lhes oferecer. Às mães que já estão junto de Deus dedicamos nossas orações, além da saudade. Mas o Dia das Mães é aquele qualquer em que nós quebramos a rotina e dizemos uma palavra de carinho a quem preencheu nossa vida com tanto amor. Não é preciso nenhuma prova material de que amamos nossas mães, não são necessárias joias ou roupas caras: basta um "muito obrigado", um abraço afetuoso, um beijo terno de filho para demonstrarmos nosso profundo amor por elas.

Nós, católicos, temos três dias reservados à nossa "mãe do céu", como dizemos às crianças. Para que a gente nunca perca a oportunidade de lembrar nossa mãe celeste, há três dias dedicados a Nossa Senhora: 1º de janeiro (Mãe de Deus), 15 de agosto (Nossa Senhora da Assunção) e 8 de dezembro (Imaculada Conceição). Em nosso país, desde 1981, ela tem um quarto dia, um feriado só para ela: 12 de outubro, dia de Nossa Senhora Aparecida, padroeira do Brasil. A imagem que está guardada na famosa basílica da cidade de Aparecida (SP) é uma escultura de Nossa Senhora da Conceição recolhida por pescadores das águas do rio Paraíba em 1717. Somos, portanto, uma nação dedicada a Maria.

O mistério glorioso que é assunto deste capítulo é a Assunção de Maria aos Céus. Quando era adolescente, engajado em atividades da Igreja, não tinha coragem de perguntar qual a diferença entre "ascensão" e "assunção". Pois aqui vai a explicação, para você não sentir vergonha por não saber. "Ascensão", conforme meditamos no terceiro mistério glorioso, é o ato de se elevar, de subir. Por seu próprio poder, Jesus ascendeu aos Céus. Já a "assunção" é a elevação por meio de algo, isto é, com a ajuda de alguém ou de alguma coisa. Foi assim com a Virgem Maria: preservada da morte, ela foi levada de corpo e alma para os Céus. Levada pelos anjos, ela está lá, acolhendo os que já retornaram ao Pai e aguardando todos nós: nenhum lar é completo sem a presença da mãe – por isso a casa de Deus também tem uma, Maria de Nazaré, a que gerou Jesus, nosso Salvador. A morada celeste, onde passaremos a eternidade, é uma grande família em que há amor, lugar, conforto, perdão e consolo para todos – como ensina uma antiga e bela canção religiosa, que certamente você conhece:

Com minha Mãe estarei
na santa glória, um dia,
junto à Virgem Maria,
no céu triunfarei!

No céu, no céu,
com minha Mãe estarei!
No céu, no céu,
com minha Mãe estarei!

Com minha Mãe estarei,
mas já que hei ofendido
a meu Jesus querido,
as culpas chorarei.

Com minha Mãe estarei!
E que bela coroa,
de Mãe tão terna e boa,
feliz receberei.

Com minha Mãe estarei,
em seu coração terno,
em seu colo materno
sem fim descansarei!

Ao rezarmos agora um pai-nosso e dez ave-marias, peçamos à nossa querida mãe celeste que ela nos ensine a viver aqui na terra o seu exemplo de amor e fidelidade a Deus. Antes, vamos dizer esta oração a Nossa Senhora da Assunção:

Ó dulcíssima soberana, rainha dos anjos, bem sabemos que, miseráveis pecadores, não éramos dignos de vos possuir neste vale de lágrimas, mas sabemos que a vossa grandeza não vos faz esquecer a nossa miséria e, no meio de tanta glória, a vossa compaixão, longe de diminuir, aumenta cada vez mais para conosco. Do alto desse trono em que reinais sobre todos os anjos e santos, volvei para nós os vossos olhos misericordiosos; vede a quantas tempestades e mil perigos estaremos, sem cessar, expostos até o fim de nossa vida. Pelos merecimentos de vossa bendita morte, obtende-nos o aumento da fé, da confiança e da santa perseverança na amizade de Deus, para que possamos, um dia, ir beijar os vossos pés e unir as nossas vozes às dos espíritos celestes, para louvar e cantar as vossas glórias eternamente no céu. Assim seja!

5. *A mãe de todos*

Quinto mistério: a coroação de Maria como rainha do Céu

Chegamos ao fim da nossa conversa com Maria. Você deve ter reparado que, por meio dela, pensamos em muitas coisas de nossa fé e de nosso "jeito católico de ser". Essas "coisas" são os mistérios que dão sentido à nossa religião e à nossa ação no mundo. É isso que a meditação do terço nos ensina: um modo de crer, amar, pensar e agir, tendo como modelo essa humilde moça de Nazaré que disse "sim" à vontade de Deus e tornou-se mãe de nosso Salvador e de todos nós.

Certamente você deve ter achado Maria discreta demais, agindo mais e falando menos. Pois é isso mesmo. Em todos os momentos importantes da vida e da missão de Jesus ela está silenciosamente presente: desde a fuga para o Egito, levando o Menino no colo, guiada por São José para que a criança não fosse morta a mando de Herodes, até o Pentecostes, quando o Espírito Santo desce sobre os discípulos de seu Filho ressuscitado. Essa é a grande lição de Maria, que não se limitou a gerar o Salvador. Quando disse "sim" à vontade de Deus, ela se entregou de corpo e alma ao compromisso que assumiu. E é isso que ela espera de nós, em troca das súplicas que lhe dirigimos na oração do terço. No batismo, confirmado no sacramento da crisma e renovado na eucaristia, nós também dissemos "sim" à vontade de Deus e à Salvação que Cristo oferece à humanidade. No entanto, muitas vezes agimos como se disséssemos "não"... Pense nisso.

É certo que o "sim" de Maria significou muita dor, muito sofrimento, e sobre isso já refletimos bastante. Mas este último mistério glorioso é repleto de alegria, pois nele contemplamos a coroação de Maria como rainha do Céu, onde ela nos acolherá na vida eterna, em uma felicidade sem fim. Por isso, gostaria de lembrar as sete alegrias de Nossa Senhora, retomando antiga devoção dedicada aos eventos alegres que marcaram sua vida e sobre os quais também já meditamos neste livro.

Primeira alegria – Maria recebe o anúncio do anjo Gabriel e da Encarnação do Filho de Deus (Lc 1: 26-33, 38).
Segunda alegria – Maria visita sua prima Isabel (Lc 1: 39-45).
Terceira alegria – Nascimento de Jesus (Lc 2: 6-7).
Quarta alegria – A visita dos três reis magos em adoração ao Menino Jesus (Mt 2: 1-2, 10-11).
Quinta alegria – O reencontro de Jesus no templo (Lc 2: 41-50).
Sexta alegria – A Ressurreição de Jesus (Mc 16: 1-7).
Sétima alegria – Maria é elevada aos Céus, onde é coroada como rainha (Lc 1: 46-55).

É falando de alegria, portanto, que gostaria de encerrar nosso percurso pelo santo rosário. A alegria de viver, a alegria de celebrar a esperança em cada vida que a maternidade traz ao mundo, a alegria do encontro com nossos familiares e amigos ao longo da vida, a alegria de reencontrar o que nos faz bem e que perdemos por causa de nossos erros, a alegria de descobrir a presença de Deus no mundo, a alegria da Ressurreição, a alegria de pertencermos à grande família cristã cuja mãe é Maria. Mãe e rainha de um reino onde só há amor. Não podemos ter vergonha de nossa tradição católica, de nosso jeito de ser, que homenageia Maria em lindas festas e procissões em que ela é coroada. Ela merece. E nós merecemos celebrar essa alegria que se oferece gratuitamente a quem quer compartilhar dela.

Nesta última dezena do rosário, rezemos o pai-nosso com especial alegria, e ergamos, sorrindo, dez ave-marias à Virgem Santíssima, a "cheia de graça", a rainha dos Céus e da Terra, pedindo a ela sua presença amorosa de mãe em todos os dias de nossas vidas, abençoando-nos com saúde, esperança e paz. Antes, elevemos a Maria de Nazaré a "Ladainha de Nossa Senhora":

Senhor, tende piedade de nós.
Jesus Cristo, tende piedade de nós.
Senhor, tende piedade de nós.
Jesus Cristo, ouvi-nos.
Jesus Cristo, atendei-nos.
Deus, Pai dos Céus, tende piedade de nós.
Deus Filho, redentor do mundo, tende piedade de nós!
Deus Espírito Santo, Santíssima Trindade, que sois um só Deus,
Santa Maria, rogai por nós!
Santa Mãe de Deus, rogai por nós!
Santa Virgem das virgens, rogai por nós!
Mãe de Jesus Cristo, rogai por nós!
Mãe da divina graça, rogai por nós!
Mãe puríssima, rogai por nós!
Mãe castíssima, rogai por nós!
Mãe intacta, rogai por nós!
Mãe imaculada, rogai por nós!
Mãe admirável, rogai por nós!
Mãe do bom conselho, rogai por nós!
Mãe do Criador, rogai por nós!
Mãe do Salvador, rogai por nós!
Virgem prudentíssima, rogai por nós!
Virgem venerável, rogai por nós!
Virgem louvável, rogai por nós!
Virgem poderosa, rogai por nós!
Virgem benigna, rogai por nós!
Virgem fiel, rogai por nós!
Espelho de justiça, rogai por nós!
Sede de sabedoria, rogai por nós!
Causa da nossa alegria, rogai por nós!
Vaso espiritual, rogai por nós!

Vaso honorífico, rogai por nós!
Vaso insigne de devoção, rogai por nós!
Rosa mística, rogai por nós!
Torre de Davi, rogai por nós!
Torre de marfim, rogai por nós!
Casa de ouro, rogai por nós!
Arca da aliança, rogai por nós!
Porta do céu, rogai por nós!
Estrela da manhã, rogai por nós!
Saúde dos enfermos, rogai por nós!
Refúgio dos pecadores, rogai por nós!
Consoladora dos aflitos, rogai por nós!
Auxílio dos cristãos, rogai por nós!
Rainha dos anjos, rogai por nós!
Rainha dos patriarcas, rogai por nós!
Rainha dos profetas, rogai por nós!
Rainha dos apóstolos, rogai por nós!
Rainha dos mártires, rogai por nós!
Rainha dos confessores, rogai por nós!
Rainha das virgens, rogai por nós!
Rainha de todos os santos, rogai por nós!
Rainha concebida sem pecado original, rogai por nós!
Rainha assunta ao céu, rogai por nós!
Rainha do santo rosário, rogai por nós!
Rainha da paz, rogai por nós!
Cordeiro de Deus, que tirais os pecados do mundo, perdoai-nos, Senhor.
Cordeiro de Deus, que tirais os pecados do mundo, ouvi-nos, Senhor.
Cordeiro de Deus, que tirais os pecados do mundo, tende piedade de nós.
Rogai por nós, santa mãe de Deus
Para que sejamos dignos das promessas de Cristo.

Agradecimentos

Minha alma engrandece ao Senhor e exulta
meu espírito em Deus, meu Salvador.
Lc 1: 46-47

Quero agradecer primeiramente a Deus, pelo dom da minha vida e pela grande oportunidade de servi-Lo através de meu ministério sacerdotal. A Ele toda a glória e meu reconhecimento.

À minha família, que esteve comigo em todos os momentos decisivos de minha vida e que me deu o maior apoio para escrever este livro.

A meu bispo diocesano, dom Fernando Brochini, a quem sou profundamente grato por sua presença paterna, suas palavras de motivação e sobretudo pela confiança.

Ao clero da diocese de Jaboticabal, em especial aos padres Cícero, Edson Guiaro, Francis, Hamilton e Paulo Alexandre, que me apoiaram e incentivaram.

Agradeço aos meus amigos, ao meu povo da Paróquia São Sebastião, e de outras paróquias em que realizei meu trabalho pastoral, pelo carinho e pelas orações que me ajudaram a tornar realidade este livro dedicado à Maria Mãe de Deus.

Enfim, não poderia jamais esquecer de agradecer a minha mãe, Maria Santíssima, a quem peço todos os dias por sua maternal intercessão, por sua presença de mãe que acolhe, que cuida, que ama.

Convido vocês, meu amados irmãos e irmãs, a rezar comigo esta oração, "Maria passa na frente", que se faz presente em todos os dias de minha vida:

Maria passa na frente e vai abrindo estradas e caminhos. Abrindo portas e portões. Abrindo casas e corações. A mãe indo na frente, os filhos estão protegidos e seguem seus passos. Maria passa na frente e resolve tudo aquilo que somos incapazes de resolver. Mãe cuida de tudo o que não está ao nosso alcance. Tu tens poder para isso! Mãe, vai acalmando, serenando e tranquilizando os corações. Termina com o ódio, os rancores, as mágoas e as maldições. Tira teus filhos das perdições! Maria, tu és mãe e também a porteira. Vai abrindo o coração das pessoas e as portas pelo caminho. Maria, eu te peço: PASSA NA FRENTE! Vai conduzindo, ajudando e curando os filhos que necessitam de ti. Ninguém foi decepcionado por ti depois de ter te invocado e pedido a tua proteção. Só tu, com o poder de teu Filho, podes resolver as coisas difíceis e impossíveis. Amém!

MATRIX